Jesper Juul

4 Werte, die Kinder ein Leben lang tragen

Auf vielen Gebieten der Erziehung fühlen sich Eltern heute sehr verunsichert. Sie sind engagiert und wollen es richtig und vor allem anders und besser machen als ihre eigenen Eltern, wissen aber oft nicht, wie. Das wird auch in all den Briefen Hilfe und Rat suchender Eltern an mich deutlich, von denen Sie eine Auswahl in diesem Buch finden. Jede Familie für sich ist einzigartig mit ganz eigenen Spielregeln und Gesetzmäßigkeiten. Aus diesem Grund werden Sie in meinen Antworten oder Kolumnen auch kein Rezept fürs große Familienglück finden, nach dem man stur vorgehen könnte. Stattdessen erhalten Sie Anregungen, über Ihre persönlichen Wertvorstellungen nachzudenken. Welche Werte sind es, die aus unseren Kindern eigenständige, kritische Persönlichkeiten werden lassen, die Verantwortung für sich und andere übernehmen können, die ihre Grenzen kennen und die anderer respektieren? Meiner langjährigen Erfahrung als Familientherapeut nach lauten diese Werte Gleichwürdigkeit, Integrität, Authentizität und Verantwortung.

Kinder brauchen Führung, sie sind gleichwürdig, aber nicht gleichberechtigt. Sie brauchen Eltern, die sie in ihrer individuellen Persönlichkeit wahrnehmen. Eltern, die einigermaßen genau wissen, was sie selbst wollen, die keine starren Grenzen setzen, einfach aus Konventionen heraus, sondern persönliche Grenzen, die auch so persönlich wie möglich artikuliert werden. Eltern, die ehrlich dem Kind und sich selbst gegenüber sind und die für das, was sich in der Familie zeigt, die Verantwortung übernehmen.

Das sind hohe Ansprüche, doch keine Sorge: Kinder brauchen zum Glück keine perfekten Eltern, sondern Sparringspartner, die bereit sind, ihre Werte immer wieder zu überprüfen und sich mit ihren Kindern weiterzuentwickeln. Und die ihnen die elementare Botschaft vermitteln: »Du bist in Ordnung, so wie du bist!«

Ihr Jesper Juul

1
1
1
1

Gleichwürdigkeit

… oder das gelungene Zusammenspiel von Eltern und Kindern auf gleicher Ebene

Mit Kindern auf Augenhöhe sein

Gleichwürdigkeit ist ein Begriff, den ich vor rund 20 Jahren geprägt habe und der mir als der passendste erscheint, um eine der entscheidendsten Qualitäten in zwischenmenschlichen Beziehungen zu beschreiben. Gleichwürdigkeit bedeutet nicht Gleichheit, das auch im rechtlichen Sinne gebraucht wird, und auch nicht Ebenbürtigkeit, das im heutigen Sprachgebrauch »gleich stark« bedeutet.

Gleichwürdigkeit in Beziehungen bedeutet nach meinem Verständnis, anzuerkennen, dass alle Menschen, egal welchen Alters, von gleichem Wert sind, und die persönliche Würde und Integrität des anderen zu respektieren.

Die Bedeutung der Gleichwürdigkeit stützt sich auf zwei Quellen: Die eine ist die klinische Erfahrung aus meiner Arbeit mit gestörten Beziehungen zwischen Eltern und Kindern. Die andere Quelle ist die wissenschaftliche Forschung zur frühen Bindung zwischen Eltern und Säuglingen. Für diese Arbeit stehen bedeutende Namen wie Daniel N. Stern, Peter Fonagy und andere. Eine ihrer Schlussfolgerungen ist, dass die gesündesten Beziehungen sich dann einstellen, wenn die Beziehung eine »Subjekt-Subjekt-Beziehung« und keine »Subjekt-Objekt-Beziehung« ist. Das Kind also wie ein Mensch und nicht wie ein Ding behandelt wird.

Eine gleichwürdige »Subjekt-Subjekt-Beziehung« bedeutet also eine Beziehung, in der die Gedanken, die Reaktionen, die Gefühle, das Selbstbild, die Träume und die innere Wirklichkeit des Kindes genauso ernst genommen werden wie die der Erwachsenen. Die

Führungsrolle in der Familie bleibt nach wie vor bei den Eltern, aber wenn sie ihre Kinder als gleichwürdig wahrnehmen, ihre individuellen Eigenschaften respektieren und ihre Wünsche und Bedürfnisse bei ihren Entscheidungen berücksichtigen, wird die Qualität dieser Führung entscheidend verbessert.

Eine solche Einstellung zu verinnerlichen ist nicht leicht, denn viele Eltern wurden in ihrer Erziehung und Ausbildung selbst als Objekt behandelt. Meistens hatten sie es in ihrer Jugend mit Erwachsenen zu tun, die Macht ausübten, anstatt fürsorglich zu sein. Gehorsam, Respekt und die Fähigkeit sich ein- und unterzuordnen galten als Erziehungsideal – somit ist es wichtig, sich in dieser Zeit des Übergangs immer wieder die Fragen zu stellen: »Was sind meine eigenen, ganz persönlichen Werte? Wie bewahre ich meine eigene Integrität, damit ich die meines Kindes wahren kann? Wie gelingt es mir, meine Eigenheiten und Fehler anzunehmen, damit ich mein Kind um seiner selbst willen liebe und nicht, weil es etwas Bestimmtes tut oder sein lässt?« Gleichwürdigkeit ist ein dynamischer Prozess, etwas, um das wir uns jeden Tag aufs Neue bemühen sollten. Es lohnt sich, denn Gleichwürdigkeit ist die Grundlage dafür, dass Beziehungen ein Leben lang von Vertrauen und Liebe geprägt sind.

In den folgenden Briefen und Kolumnen wird deutlich, dass alle Eltern ihren Weg zu einer gleichwürdigen Beziehung noch suchen müssen, da sie wie jeder von uns ihr persönliches Päckchen aus Glaubenssätzen und Verhaltensmustern in die Familie mit einbringen. Die einen halten Konsequenz für die richtige Wahl der Erziehung, wie im Brief der Großmutter deutlich wird, die frustrierte Mutter denkt, ihr Schonprogramm sei das Beste für die Kinder, um nur zwei Beispiele zu nennen. Allen gemeinsam ist, dass die Idee der Gleichwürdigkeit ihre schwierigen Beziehungen in konstruktive wandeln könnte.

Ich habe die positive Erfahrung gemacht, dass der Lernprozess bei den meisten Eltern relativ schnell vorangeht, weil der Erfolg in Form einer guten Beziehung sich fast unmittelbar einstellt.

Das Dilemma einer Großmutter

“

Nach dem Mittagessen am gestrigen Sonntag braucht meine Familie einen guten Rat von Ihnen. Ich bin Großmutter eines wunderbaren 3-jährigen Jungen, mit dem ich glücklicherweise viel Zeit verbringen darf. Gestern ist er mit seinen Eltern zu Besuch gekommen. Sein Vater, also mein Sohn, wurde von einer »sanften« Mutter und einem etwas strengeren Vater aufgezogen. Wir waren beide nicht besonders konsequent und oft verschiedener Meinung, was die Erziehung unseres Sohnes anging.

Mein Sohn und seine Partnerin hingegen sind beide gleich streng und stützen sich stets in dem, was der andere tut. In alltäglichen Fragen wie dem Essen und den Schlafenszeiten sind sie äußerst konsequent. Obwohl sie sehr jung sind, habe ich sie immer für großartige Eltern gehalten. Doch manchmal gehen sie mir mit ihrer ewigen Konsequenz ein bisschen zu weit, so wie gestern.

Während des Mittagessens wollte mein Enkel den Tisch verlassen, nachdem er mit seiner Portion fertig war. Daraufhin sagten seine Eltern, dass er keinen Nachtisch bekäme, wenn er jetzt aufstünde. Der Junge stand trotzdem auf und erntete noch ein paar Warnungen wie: »Wenn du dich nicht wieder hinsetzt, gibt es keinen Nachtisch!«, die jedoch nichts bewirkten. Als das Dessert auf den Tisch gestellt wurde, kam der Junge wie selbstverständlich an den Tisch zurück und wollte

auch eine Portion haben. Aber seine Eltern weigerten sich, ihm etwas zu geben. Ich bekam Mitleid mit ihm, weil er zu weinen begann und ungeheuer traurig war.
Mein Sohn nahm dies zwar zur Kenntnis, meinte aber, der Junge müsse lernen, die Konsequenzen für sein Verhalten zu tragen. Ich entgegnete vorsichtig, dass er vielleicht noch ein wenig zu jung sei, um wirklich zu verstehen, was es mit Konsequenzen auf sich habe, aber die Eltern waren da anderer Meinung.
Mein Enkel hat den ganzen Vorfall dann ziemlich schnell vergessen, und als die kleine Familie später den Heimweg antrat, waren alle glücklich und zufrieden.
Wenn wir bei meinem Sohn zu Besuch sind, mische ich mich nicht ein, doch wenn wir bei uns sind, finde ich, dass die Regeln meines Sohnes nicht zu hundert Prozent gelten müssen. Der Junge wird schon verstehen, dass bei seinen Großeltern nicht alles so genau geregelt ist wie bei ihm zu Hause.
Jetzt weiß ich nicht recht, wie ich mich das nächste Mal verhalten soll. Wenn ich etwas sage, werden die Eltern das vielleicht als ungebetene Einmischung in ihre Erziehung betrachten und in Zukunft nicht mehr so oft zu Besuch kommen. Das wäre jedoch ganz schrecklich für mich, weil ich meinen wunderbaren Enkel so unglaublich lieb habe. Wenn ich mich jedoch nicht einmische, komme ich mir feige vor, weil ich den kleinen Jungen nicht »verteidige«.
Ich sollte hinzufügen, dass er sehr ausgeglichen, sanft und sozial ist, sich ohne zu protestieren ins Bett bringen lässt und keinerlei Schlafprobleme hat. Haben Sie einen Rat für mich?

Es grüßt Sie eine Großmutter, die Glück hatte

»

Antwort von Jesper Juul:

Das Problem, das Sie in Ihrem Brief beschreiben, ist nicht ungewöhnlich. Ich kann Ihnen natürlich keine Patentlösung anbieten, doch ich kann versuchen, ein paar Prinzipien zu beschreiben, die sich bezahlt machen. Lassen Sie mich mit dem Inhalt des letzten Konflikts beginnen. Die Eltern meinen, Ihr Enkelkind solle lernen, dass persönliche Entscheidungen Konsequenzen haben. Damit unterliegen sie einem gängigen Missverständnis – sie verwechseln Konsequenzen mit Strafe. Wenn man zum Beispiel bei Regen ohne Regenschirm auf die Straße geht, wird man nass. Das ist eine Folge oder Konsequenz. Wenn man sich trotz der Ermahnungen seiner Eltern in den Regen begibt und danach Zimmerarrest bekommt, ist das eine Strafe. Der Unterschied zwischen Strafe und Konsequenz ist ziemlich groß. Mögen die Konsequenzen unseres Verhaltens auch noch so unangenehm sein, so lassen sie uns doch nicht an unserem Wert als Mensch zweifeln. Strafen hingegen schon.

Wenn ein Kind zum Beispiel auf einen Stuhl klettern will, dies nicht schafft, auf den Boden fällt und sich wehtut, ist das eine Konsequenz seines Verhaltens. Dadurch lernt es, dass seine physischen Fähigkeiten begrenzt sind. Die Konsequenz – blaue Flecken oder eine Beule am Kopf – erhöht die Kompetenz des Kindes, indem es zum Beispiel beim nächsten Mal anders an die Sache herangehen wird. Muss sich das Kind jedoch, nachdem es sich wehgetan hat, von seinen Eltern anhören: »Du weißt genau, dass du nicht herumturnen sollst, warum kannst du denn nie hören, wenn man dir etwas sagt!«, dann wird es herabgesetzt und fühlt sich auch noch schuldig. Von Vater oder Mutter ausgeschimpft, belehrt oder kritisiert zu werden ist eine (überflüssige) Strafe, die die kindliche Fähigkeit mindert, aus den eigenen Erfahrungen zu lernen.

Das ist sogar wissenschaftlich belegt, denn die Hirnforschung hat vor wenigen Jahren nachgewiesen, dass negative Lernumstände die Verständnis- und Erinnerungsfähigkeit des Gehirns reduzieren.

Die Eltern Ihres Enkelkinds senden extrem unklare Signale an ihren Sohn aus, indem sie es ihm scheinbar ermöglichen, sich gegen den Nachtisch zu entscheiden, obwohl er in Wirklichkeit einfach tun soll, was sie ihm sagen – sonst folgt die Strafe. So bleibt ihm nichts als die Verwirrung darüber, ob er sich tatsächlich entscheiden kann oder ob er nur gehorchen soll.

Hinzu kommt – worin Sie völlig recht haben –, dass er noch zu jung ist, um dieses Erlebnis auf eine Art und Weise zu begreifen und einzuordnen, die seine persönliche und soziale Kompetenz erhöht.

Ihr Unbehagen dieser Situation gegenüber hat also nicht nur sentimentale Ursachen, sondern ist eine natürliche Reaktion auf den unnötigen Kummer, der Ihrem Enkel zugefügt wird.

Ihr Sohn und Ihre Schwiegertochter sind davon überzeugt, dass es wichtig ist, *konsequent* zu sein. Also: »Wenn Papa Ja sagt, sagt Mama auch Ja«, und beide halten auch eine Stunde oder eine Woche später an diesem Ja fest. Doch ist es wirklich wichtig für Kinder, dass ihre Eltern auf diese Weise einig oder konsequent sind?

Die Antwort lautet Nein. Es ist wichtig, dass Eltern sich ihre Meinung nicht von Kindern, Schwiegermüttern oder Leitartikelschreibern diktieren lassen und willens sind, sich die nötige Zeit für Reflexion und Dialog oder andere Aktivitäten zu nehmen, die Eltern innere Sicherheit geben. Ihre Beschreibung der vielen Qualitäten Ihres Enkels deutet darauf hin, das Ihr Sohn und seine Frau ihrem Kind sehr viel mehr und Besseres anzubieten haben als dieses eingeübte Verhaltensmuster. Also hoffe ich, dass sie selbst eines Tages entdecken werden, was für einen prachtvollen Sohn sie haben.

Ohne etwas über Ihr Verhältnis zu Ihrem Sohn und Ihrer Schwiegertochter zu wissen, glaube ich, dass Sie in dieser Hinsicht auf die Vorzüge Ihres Alters, Ihrer Erfahrung und Flexibilität setzen können. Lehnen Sie sich also in Ruhe zurück und lassen Sie den Dingen ihren Lauf. Solange die Eltern das Kreuz ihrer eigenen Konsequenzgläubigkeit tragen wollen, sollten Sie sich meiner Meinung nach besser nicht einmischen.

Lassen Sie Ihr Enkelkind hingegen so oft wie möglich in den Genuss Ihrer Gelassenheit kommen, wenn die Eltern nicht anwesend sind.

Als Großvater kann ich gut verstehen, dass Sie emotional auf der Seite Ihres Enkels stehen. Da aber von einer Vernachlässigung der Fürsorgepflicht nicht im Entferntesten die Rede sein kann, möchte ich vorschlagen, dass Sie emotional Ihrem Sohn die Stange halten. Denken Sie nur an all die überschäumende Freude und spontanen Liebesbekundungen, die ihm entgehen, weil er so sehr damit beschäftigt ist, den Erzieher zu spielen. Er muss alles, was er wahrnimmt, erst durch seinen aufgesetzten pädagogischen Filter laufen lassen, und auf diese Weise schafft er zwischen sich und seinem Kind eine unnötige Distanz. Das ist traurig für ihn, und vielleicht gelingt es Ihnen ja, ein wenig von diesem Gedankengut in seinen viel beschäftigten Papa-Kopf hineinzuschmuggeln.

Anders ausgedrückt: Die Beziehung zu Ihrem Enkel ist vermutlich weitaus weniger erschütterbar als die Beziehung zu Ihrem eigenen Sohn und seiner Partnerin, und auch auf diese sollten Sie achtgeben. Ihr Enkel ist in keiner Weise in Gefahr, und sollte er Sie eines Tages vorwurfsvoll ansehen und fragen, warum Sie nicht eingegriffen haben, wenn seine Eltern kompromisslos und ungerecht waren, dann können Sie reinen Gewissens antworten:

»Weil mir die Beziehung zu deinem Vater so wichtig war, und weil ich wusste, dass du schon zurechtkommst.«

Eine weitere Frau, die »zu sehr liebt«

"

Das bin ich: eine Frau, 36, geschieden, Single, drei tolle Kinder im Alter von 10, 8 und 4 Jahren, Lehrerin mit Vollzeitstelle.
Als mein Exmann und ich uns kennenlernten, war er 22 und ich 21 Jahre alt. Wir waren 14 Jahre zusammen.
Unsere Beziehung war fast in all den Jahren von einem mangelnden Respekt mir gegenüber geprägt. In den Zeiten, in denen ich es am meisten gebraucht hätte (während der Schwangerschaften und im Wochenbett), hat er nur wenig Liebe und Fürsorge gezeigt. Entwürdigender war es jedoch, dass die Kinder und ich bei ihm nie die erste Priorität hatten. Wenn ich krank im Bett lag, hatte er keine Lust, mir Medizin aus der Apotheke zu holen. Ganz zu schweigen von seinen geringschätzigen Blicken und seiner Art, mit mir zu reden.
Natürlich hatten wir auch viele schöne Erlebnisse zusammen, doch er dachte stets hauptsächlich an sich und seine Karriere. Er nahm es als Selbstverständlichkeit, dass seine Freunde, Interessen oder Feste jederzeit Vorrang hatten. Ich war ja sowieso zu Hause. Hingegen musste ich mit Engelszungen auf ihn einreden, wenn ich einmal etwas anderes vorhatte. Mein Nein wurde oft nicht gehört oder respektiert. Er kontrollierte mich und hielt mich »am Boden«, indem er mich zum Beispiel ständig kritisierte. An allem, was ich tat, gab es etwas auszusetzen, an meiner Haushaltsführung, meiner Art, mit dem Geld

umzugehen, an den hohen Stromkosten, dem großen Verbrauch von Toilettenpapier, dem Betragen der Kinder und so fort. Nach und nach habe ich alle eigenen Bedürfnisse unterdrückt, um die Kinder zu versorgen und Konflikte mit meinem Ehemann zu vermeiden.

Mein Mann war jahrelang in der freien Wirtschaft tätig, hat sehr viel gearbeitet und dabei viel Geld verdient. Nebenbei hat er auch noch unser Haus renoviert und ausgebaut. Im Nachhinein hat er gesagt, dies sei seine Art gewesen, uns seine Liebe zu zeigen.

Nach außen hin ist er eine finanzstarke, umgängliche, beliebte und allgemein anerkannte Person. Mein Fehler besteht sicherlich darin, dass ich mich all die Jahre unterdrücken ließ, obwohl ich stets versucht habe, meine Meinung zu sagen.

Vor ein paar Jahren kam es so weit, dass ich mich nicht mehr allen Anforderungen gewachsen fühlte, die an mich gestellt wurden, angefangen von den politischen Forderungen an uns Lehrer bis zu den Forderungen meines Mannes bei uns zu Hause. Ich verfiel in tiefe Depression und Angst. Von diesem Moment an wusste ich, dass ich nicht mehr mit meinem Mann zusammenleben konnte, doch hatte ich weder die Energie noch die Stärke, ihn zu verlassen.

Außerdem fühlte ich große Trauer, Verzweiflung und Scham und hatte ein schlechtes Gewissen den Kindern gegenüber, weil es mir nicht gelungen war, ihnen eine behütete Kindheit und ein Familienleben zu geben, wie ich es mit meinen verheirateten Eltern erlebt hatte. Ein ganzes Jahr lang war ich krankgeschrieben.

Vor einem Jahr brachte ich dann endlich die nötige Kraft auf, meinen Mann zu verlassen und in eine eigene Wohnung zu ziehen. Ich tat das nicht, weil ich einen anderen kennengelernt hätte, sondern weil ich einfach nicht mehr daran glauben konnte, dass unsere Beziehung sich jemals verbessert.

Ein Jahr zuvor hatten wir den Rat eines Familientherapeuten eingeholt. Das hatte zwar zu gewissen praktischen Änderungen geführt, was die Aufgabenverteilung zu Hause anging, doch wie sehr kann man sich schon tatsächlich gegenseitig verändern?

Als ich den entscheidenden Schritt machte, nahm mein Mann es sehr schwer und ließ sich krankschreiben. Das ganze letzte Jahr hindurch sind wir weiterhin regelmäßig zum Familientherapeuten gegangen. Jetzt brauche ich Ihren Rat, wie ich ein gutes Verhältnis zu meinen Kindern aufrechterhalten kann.

Mein Exmann hat mich aus unserem Haus herausgekauft und eine neue hübsche Freundin, die er den Kindern frühzeitig vorgestellt hat und die jetzt mit ihm und den Kindern zusammenwohnt. Sie scheint eine nette, kluge und reflektierte Frau zu sein, die ihre Rolle als Bonusmutter auf eine sichere Weise gut ausfüllt. Da sie selbst ein Scheidungskind war, hat sie großes Verständnis für eine Lebenssituation, in der die Kinder zu gleichen Teilen bei ihrer Mutter und bei ihrem Vater leben, wie das bei unseren Kindern der Fall ist. Die Kinder haben sie sehr gern. Sie sehen ja, dass es dem Vater wieder gut geht. Ich habe mehr Schwierigkeiten damit, dass mein Exmann auf einmal den »Superdad« herauskehrt und sich sehr um eine enge und gute Beziehung zu seinen Kindern bemüht.

Nach all den Jahren unserer Ehe ist es ein merkwürdiges Gefühl, beiseitegeschoben zu werden, obwohl es natürlich schön ist, dass er endlich Zeit für seine Kinder hat und ein guter Vater ist. Ein seltsames Gefühl, sie »verloren« zu haben, während er von seinen Kindern vergöttert wird. Die Kinder haben ja nur selten erlebt, dass wir uns lautstark gestritten haben. Sie haben gar nicht verstanden, warum ich ausgezogen bin. Meine Trauer, Tränen und Verzweiflung haben sie nicht mitbekommen, weil ich sie in all den Jahren vor ihnen versteckt habe. Er hingegen hat offen vor den Kindern geweint und ihnen seine Trauer gezeigt, nachdem ich ausgezogen war.

Nach unserer Trennung hat er sich geweigert, den Kindern ein differenziertes Bild unserer Ehe zu vermitteln. Anderen gegenüber gab er zu, dass er mich schlecht behandelt hat und dass er viele seiner Entscheidungen im Nachhinein bereut. Doch zu den Kindern sagt er davon kein Wort. Es scheint ihm sehr recht zu sein, vor ihnen als Opfer unserer Ehe und als ihr Held dazustehen. Ich habe den Kindern meine

Sicht unserer Ehe ganz bewusst verschwiegen, um sie zu schützen, doch finde ich es äußerst schwierig, damit zu leben, dass sie weiterhin glauben werden, ich sei die Böse gewesen, die einfach abgehauen ist… Ich finde, er sollte dieses Bild geraderücken, nicht ich.

Die Kinder und ich hatten bisher ein gutes Verhältnis. Doch ich spüre in letzter Zeit, dass vor allem meine 10-jährige Tochter nicht mehr so viel Vertrauen zu mir hat wie früher und sich nicht mehr mit den vagen Begründungen zufriedengibt, mit denen ich unsere Trennung erkläre. Daher frage ich mich, was man sagen kann und zu welchem Zeitpunkt man sich eventuell zu dem ganzen Vorgang äußern sollte. Ich glaube nicht daran, dass es richtig ist, allen meine Geschichte zu erzählen, und ich will auch nicht über den Vater der Kinder herziehen, aber ein etwas differenzierteres Bild von dem, was geschehen ist, habe ich doch verdient. Was meinen Sie?

Dazu kommt noch, dass sich mein Exmann nicht an Verabredungen hält, die wir während der Familienberatung getroffen haben. Er behandelt mich so respektlos wie früher, indem er meine Wünsche und Anfragen ignoriert, und das wirkt sich dann auch auf die Kinder aus, wenn sie bei mir sind. Es fehlt beispielsweise immer etwas, wenn er sie zu mir bringt. Wenn ich mich dann nach den fehlenden Kleidungsstücken, Gegenständen, Geburtstagseinladungen etc. erkundigen will, ist er beim Training oder eben nicht erreichbar. Außerdem ändert er in den Ferien Verabredungen, wie es ihm gerade passt.

Darum fällt es mir äußerst schwer, über seinen Mangel an Respekt mir gegenüber einfach hinwegzusehen, zumal den Kindern, wenn sie bei mir sind, immer irgendetwas fehlt. Dass die drei ihn dann ganz automatisch in Schutz nehmen und alles »gar nicht so schlimm« finden, ärgert mich sehr – wobei ich mir Mühe gebe, mir meinen Ärger nicht anmerken zu lassen.

Ich möchte die Gespräche bei der Familienberatung beenden, weil er sich ja doch nicht an unsere Verabredungen hält. Außerdem habe ich es satt, dass er sich dort als Opfer aufführt. Ich habe allerdings Angst, dass er das später gegen mich verwenden wird und behauptet, dass ich nicht »alles für die Kinder tun« würde. Was meinen Sie? Hat es noch Sinn, die Gespräche fortzusetzen? Und muss ich damit leben, dass die Kinder glauben, ich hätte die Familie im Stich gelassen?

Eine sehr frustrierte Mutter

Antwort von Jesper Juul:

Danke für Ihre anschauliche Beschreibung, die ich mir ein wenig zu kürzen erlaubt habe. Wie ich sehe, haben Sie verstanden, dass zwei dazugehören, um die Art der Dynamik zu schaffen, die Ihre Beziehung geprägt hat. Darum werde ich mich in meiner Antwort nicht auf Ihren Exmann beziehen. Er lebt sein eigenes Leben – wie Sie und ich – so gut er kann und entrichtet unterwegs seinen Preis.

Ich möchte mich darauf beschränken, die Gedanken zu kommentieren, die Sie sich über sich selbst und Ihr Verhältnis zu Ihren Kindern machen. Gemeinsam mit Ihrem Exmann haben sie gelernt, sich wie ein Opfer zu benehmen. Sie haben Ihren Kindern über Jahre hinweg vorgelebt, dass es in Ordnung ist, dass man Ihre Grenzen und Bedürfnisse missachtet. Kinder brauchen jedoch Eltern, die ein gutes Rollenmodell abgeben, an dem sie sich orientieren können. Jungen brauchen dazu erfahrungsgemäß besonders ihre Väter und Mädchen ihre Mütter. Ab einem gewissen Alter, in das auch Ihre 10-Jährige passt, versuchen Töchter herauszufinden, ob und inwieweit sie ihren Müttern ähnlich sind. Darum ist Ihre Tochter natürlich auch diejenige, die am kritischsten ist und das wenigste Vertrauen hat. Sie steht zwischen einer Mutter, der es an Selbstrespekt fehlt, und einem Vater mit großem Ego, und verständlicherweise gerät sie in Zweifel, woher sie eigentlich die Stärke und Selbstsicherheit nehmen soll, die sie im Leben dringend nötig haben wird. Es ist also an der Zeit, dass Ihre Tochter ein neues weibliches Rollenmodell bekommt, statt des selbstverleugnenden Wesens, das sie bisher gekannt hat. Sonst laufen Sie Gefahr, dass sie den mangelnden Respekt ihres Vaters Ihnen gegenüber kopiert, schon allein deshalb, weil sie Ihnen auf gar keinen Fall ähnlich werden will.

Eine Ihrer Fehleinschätzungen besteht im übrigen darin, dass Sie sich dazu entschieden haben und offenbar an dieser Entscheidung festhalten, Ihre Kinder vor Ihren Gefühlen und Erlebnissen »schützen« zu wollen. Das ist sicherlich ein typisch mütterlicher Instinkt, der aber für niemand sonderlich konstruktiv ist. Ihre Kinder haben feine Antennen und spüren genau, dass Sie sich über Ihren Exmann ärgern. Doch statt das auszusprechen, sagen Sie etwas Harmloses oder gar nichts. Damit sind Sie nicht authentisch und verwirren besonders Ihre Älteste, die nie genau weiß, woran sie ist. Von sich selbst zu erzählen ist ja etwas anderes, als über den Exmann herzuziehen. Auf diese Art erfahren Ihre Kinder, »wer« Sie sind, und ich kann Ihnen versichern, dass sie sich genau danach sehnen.

Das ist zugleich der Schlüssel für Ihr zukünftiges Verhältnis zueinander.

Dasselbe gilt für Ihre Gespräche bei der Familienberatung. Sagen Sie die Wahrheit über sich selbst, ehe Sie die Gespräche eventuell einstellen. Verabschieden Sie sich von der Strategie, sich selbst treu bleiben zu wollen, und finden Sie sich nicht mit den Manipulationen Ihres Exmanns ab, was den Umgang mir Ihren Kindern angeht. Eine Zeit lang werden Sie sich vielleicht egoistisch vorkommen, doch angesichts Ihrer Geschichte sollten Sie dies als Zeichen betrachten, dass Sie auf dem richtigen Weg sind. Und wenn andere Sie so nennen – durchaus als Kompliment.

Ansonsten empfehle ich Ihnen das Buch *Wenn Frauen zu sehr lieben* von Robin Norwood (siehe Bücher Seite 173). Es hat Tausenden von Frauen dabei geholfen, mehr Selbstrespekt zu entwickeln.

Die Eltern in der Defensive

Vor einiger Zeit saß ich mit einer Journalistin der italienischen Zeitung *La Repubblica* in einem Restaurant in Mailand. Wir hatten soeben eine Pressekonferenz in der großen, schönen Buchhandlung Feltrinelli hinter uns gebracht, und nun war es an der Zeit, etwas zu essen und ein eingehendes Interview zu den Werten der Familie zu führen.

Es dauerte nur wenige Minuten, bis eine kleine Familie hereinkam, bestehend aus Mutter, Vater, Großmutter und einem 3-jährigen Jungen, und sich am Nachbartisch niederließ. Im Folgenden entwickelte sich dort ein Drama in mehreren Akten, als hätte ich es in Auftrag gegeben, um die erste Frage der Journalistin zu beantworten. Sie lautete folgendermaßen: »Was ist der häufigste Fehler, den junge Eltern heutzutage in Europa machen?« Eine klassische Journalistenfrage, die natürlich unmöglich zu beantworten ist. Deshalb war mir die Familie am Nebentisch eine große Hilfe.

Das Ganze beginnt damit, dass die Eltern den jungen Mann im Chor fragen, wo er sitzen wolle. Er entscheidet sich für den Platz neben seiner Mutter, beginnt aber schon bald in einem disharmonischen Tonfall zu jammern und zu klagen. Der Vater versucht, seinen Sohn mit großen Gebärden und lustigen Grimassen aufzuheitern, und zaubert schließlich ein kleines Päckchen aus seiner Jackentasche hervor. »Na, was ist das wohl?«, fragt er seinen Sohn, der statt zu antworten vom Stuhl hüpft und ihm das Päckchen aus der Hand reißt. Da er Probleme hat, den Gegenstand vom Geschenkpapier zu befreien, werden seine Klagelaute immer schriller. Der Vater bietet seine Hilfe an, wird jedoch abgewiesen, und auf einmal hört sich der Junge so an, als sei er mit etwas Hartem geschlagen worden.

Der Inhalt des Päckchens erweist sich als kleines elektronisches Spiel, das die Eltern in der Hoffnung auf ein ruhiges Mittagessen gekauft haben. Der Vater erklärt seinem Sohn, er müsse zunächst die Batterien einsetzen, damit das Spielzeug funktioniert, aber der Junge will davon nichts wissen, sondern beklagt sich lautstark darüber, dass das Gerät nicht funktioniert. So vergehen die ersten zwanzig Minuten, in denen der Kellner ein ums andere Mal gebeten wird zu warten, weil bisher keiner die Zeit gefunden hat, sich mit der Speisekarte zu beschäftigen. Alle Erwachsenen sehen den Jungen eindringlich an und reden auf ihn ein, um ihn zur Ruhe zu bringen.

Endlich setzt sich der Junge auf den Schoß seines Vaters und will sich das Spiel beibringen lassen, lässt seiner Frustration aber immer wieder freien Lauf. Ehe die Erwachsenen sich entscheiden können, was sie essen wollen, versuchen sie aus dem Jungen herauszubekommen, was er essen möchte – ohne Erfolg. Sie unterbreiten ihm verschiedene Vorschläge, die allesamt abgelehnt werden. Schließlich scheint es der Mutter zu gelingen, ihren Sohn davon zu überzeugen, dass er ein großer Liebhaber von »Gnocchi mit Tomatensauce« ist.

Als das Essen auf den Tisch gestellt wird, greift der Vater sofort zur Gabel seines Sohnes und versucht, ihm ein paar Gnocchi in den Mund zu schieben. Der Junge heult auf, weil das Essen zu heiß ist, worauf die beiden Frauen auf der anderen Seite des Tisches den Vater mit Ratschlägen und Vorwürfen überhäufen. Mit der Stimmung steht es nicht zum Besten, doch gelingt es allen Erwachsenen, die leicht erstarrten »kinderfreundlichen« Mienen beizubehalten, während ihre Körper sich dem kleinen Goldschatz wohlwollend entgegenneigen. Die Erwachsenen haben inzwischen ihr eigenes Essen in Angriff genommen, doch ihre gesamte Aufmerksamkeit wird von der Frage beansprucht, was der Junge denn nun essen will, da er seine Gnocchi verschmäht. Er lehnt jeden Vorschlag ab, und erneut scheint es so zu sein, als habe er ein stillschweigendes Abkommen mit seiner Mutter geschlossen – diesmal soll es Pizza sein. Als die Pizza kommt, will er sie nicht essen. Mutter und Großmutter greifen zu einem alten Trick, probieren ein Stück von der Pizza und übertreffen sich mit Lobeshymnen, wie fantastisch sie schmecke. Auch das hilft nicht.

Doch immerhin verschafft der Junge seiner Familie eine kurze Atempause, da er plötzlich einen Hund entdeckt hat, der zu einem anderen Tisch gehört. Zum Luftholen kommen seine Familienangehörigen trotzdem nicht, weil sich all ihre Aufmerksamkeit nun auf den Jungen und den Hund richtet, während das Essen mechanisch in ihren Mund wandert und der Vater Wein trinkt, als wäre es Wasser.

Nachdem er an den Tisch zurückgekehrt ist, erklärt der Junge, er sei hungrig, wolle aber keine Pizza. Die anschließenden langwierigen Verhandlungen enden damit, dass er den Vorschlag seiner Großmutter – eine Portion Schokoladeneis – annimmt. Sein Vater scheint nicht gerade begeistert von diesem Vorschlag zu sein, enthält sich aber eines Kommentars und bestellt sich einen Grappa.

Schließlich serviert der Kellner das Eis mit großer Geste und ironischem Lächeln. Die Mutter beugt sich über den Tisch, bemächtigt sich des Eislöffels und füttert ihren Sohn. Der spuckt das Eis umgehend auf die Tischdecke und beklagt sich lauthals, dass keine Nüsse im Eis seien. Daraufhin isst die Mutter das Eis auf, der Vater trinkt noch einen Grappa und bezahlt die Rechnung.

Dies ist eine Szene von der Art, die Psychologen veranlasst, moralisierende Bestseller über »Kleine Tyrannen« zu schreiben.

Nachdem die Familie das Lokal verlassen hatte, sah mich die Journalistin mit blanken Augen an und sagte, sie habe gerade ihre eigene Familie von außen betrachtet. Sie war erschüttert, und wir haben die nächste halbe Stunde unseres Gesprächs dazu verwendet, den gesamten Verlauf noch einmal durchzugehen und die alternativen Möglichkeiten der Eltern zu skizzieren.

Sie sagte, sie und ihr Mann (die drei Kinder haben) gehörten einer Elterngeneration an, die ich als Neoromantiker bezeichne. Sie gehen voll und ganz im »Projekt Kind« auf und wollen nur eins: eine glückliche und harmonische Familie.

Sie haben durchaus die richtigen Bücher gelesen, jedoch die Kapitel über unumgängliche und notwendige Konflikte ausgelassen. Sie verwenden – wie die Mailänder Familie – all ihre Energie, Kreativität und Liebe darauf, Konflikten und Frustrationen aus dem Weg zu gehen. Es besteht für Eltern jedoch gar kein Grund, die Frustration ihres Kindes, die natürlicherweise bei einem »Nein« erfolgt, persönlich zu nehmen oder sie als Zeichen ihres Versagens aufzufassen. Trauer, Enttäuschung, Wut – das sind völlig normale und wichtige Emotionen, die zu empfinden dem Kind überhaupt nicht schaden, die es im Gegenteil reifen lassen, sofern es von den Eltern deshalb nicht kritisiert oder lächerlich gemacht wird.

Die defensive Haltung, bei der alles darum geht, vorzubeugen, zu verhindern und Konflikte aufzuhalten, entwickeln Eltern schon zu einem sehr frühen Zeitpunkt. Sie versuchen ein positives Vorbild zu sein, indem sie allzeit gefasst und ruhig reagieren, aber wie sollen Kinder von ihnen so wichtige Eigenschaften wie Konfliktfähigkeit, Frustrationstoleranz oder Empathie lernen? Ihr ständiges Bemühen um Harmonie führt natürlich dazu, dass sie nichts als Disharmonie und Konflikte bekommen. Wenn ein Kind ständig schlecht gelaunt und in Machtkämpfe mit den Eltern verstrickt ist, versucht es nur sein Recht darauf zu erstreiten, traurig, ängstlich, wütend oder verzweifelt sein zu dürfen, ohne dass dies für seine Eltern ein Problem ist, weil sie es sich sofort wieder als ihr eigenes Versagen ankreiden.

Neoromantische Eltern haben sich in die Idee hineingesteigert, dass Kinder sehr viel Aufmerksamkeit brauchen, und geben ihnen doppelt so viel, wie diese tatsächlich benötigen. So bekommen ihre

Kinder nie die Möglichkeit zu lernen, dass auch andere Menschen Bedürfnisse, Grenzen und Gefühle haben. Die Kinder müssen hierfür einen hohen Preis bezahlen, wenn sie mit anderen Menschen zusammen sind.

Was wie Verwöhnung aussieht, ist also im Grunde mangelnde Fürsorge.

Die Lösung des Problems hat nichts mit Kindererziehung zu tun. Man muss den Eltern nur klarmachen, dass Kinder die Führung der Erwachsenen brauchen und dass es vollkommen in Ordnung ist, dass auch deren Gefühle, Wünsche und Bedürfnisse am Tisch einen Platz einnehmen.

Kinder brauchen dies so sehr, dass eine schlechte Führung immer noch besser ist als gar keine Führung. In der Mailänder Familie war offensichtlich der 3-jährige Junge der Chef, was schädlich für alle Beteiligten ist. Die Realität, die diesem Umstand zugrunde liegt, ist sicher sehr komplex, und die Eltern bräuchten eine gründliche Anleitung, wie sie ihre Liebe und ihr Engagement so kanalisieren können, dass es zum Wohlergehen der gesamten Familie beiträgt.

Meiner Ansicht nach ist es wichtig, die neoromantischen Eltern nicht zu verurteilen oder gar zu verdammen. Denn die logische Folge wäre ein neues Ungleichgewicht in Gestalt einer neokonservativen Welle, in der wieder lautstark nach »Gehorsam und Disziplin« gerufen wird.

Derzeit sehen wir eine wachsende Gruppe von Eltern und Pädagogen, die angesichts solcher Episoden wie im Restaurant zu den überkommenen Rezepten von vorgestern greifen. Sie wollen an eine Zeit anknüpfen, in der die Erziehung zu gehorsamen Kindern führte, die sich später zu neurotischen Erwachsenen entwickelten. Diese Tendenz ist sehr betrüblich, und ich hoffe, dass sie von allein wieder verschwindet, indem die Kinder die Erwachsenen mit ihrer eigenen Herrschsucht konfrontieren.

Erziehung als Machtkampf

“

Wir haben eine knapp 4-jährige Tochter und einen anstrengenden Alltag. Wir sind wohl eine dieser Familien, die in der viel diskutierten »Zeitfalle« stecken. Wir sind generell der Meinung, dass Kinder einen festen Rahmen brauchen und gewisse Regeln lernen müssen. Also versuchen wir auch, unserer Tochter das richtige Benehmen bei Tisch beizubringen. Seit einiger Zeit hat sich dies zu einem Drama entwickelt – sie will weder ordentlich auf ihrem Stuhl sitzen noch normal essen. Wir meinen, dass wir unsere Erwartungen an sie sehr deutlich gemacht haben. Wir haben ihr erklärt, warum es wichtig ist, dass man »schön« essen kann. Jetzt haben wir damit begonnen, die Time-out-Methode anzuwenden (wie wir das bei einer Nanny im Fernsehen gesehen haben). Wir setzen sie in ihr Zimmer, schließen die Tür und gehen erst nach ein paar Minuten wieder zu ihr hinein. Am Anfang hat sie viel geweint, doch jetzt ist sie nur noch mürrisch und still, wenn wir kommen. Essen tut sie auch nur noch widerwillig. Sie verhält sich also schon ein wenig mehr so, wie wir wollen, aber die Stimmung haben wir uns natürlich anders vorgestellt. Machen wir etwas falsch?

Majas Eltern

”

Antwort von Jesper Juul:

Meine unmittelbare Antwort auf Ihre Frage ist ein klares »Ja!« Lassen Sie mich das zuerst begründen, bevor ich Ihnen eine Alternative vorschlage. Am besten, wir nehmen den Hubschrauber und betrachten uns die ganze Situation von oben: Wir sehen zwei verantwortungsvolle, intelligente und erfahrene Erwachsene, die einen hoffnungslosen Kampf mit ihrer 4-jährigen Tochter führen. Sie schießen damit weit über das Ziel hinaus! Erziehung als Machtkampf ist immer eine schlechte Idee, weil sowohl die Eltern als auch das Kind am Ende als Verlierer dastehen und sich die Qualität ihrer wechselseitigen Beziehung spürbar verschlechtert hat – ganz gleich, wer zwischendurch einen Punktsieg verbuchen konnte.

Das Verhalten von Kindern ist immer *auch* ein Produkt ihrer Beziehung zu den Eltern. Sie kommen mit individuellem Temperament – das oft dem Temperament eines Elternteils ähnelt – und unterschiedlichem Potenzial auf die Welt. Wie sie dieses entwickeln, hängt vor allem von den Führungsqualitäten ihrer Eltern ab. Mit anderen Worten: Das liegt in Ihrem Verantwortungsbereich. Darum ist es ebenso ungerecht wie verantwortungslos, Ihrer Tochter die Schuld für diese Konflikte zu geben. Und genau das tun Sie, wenn Sie sie in die Isolation schicken. Ihre Botschaft ist deutlich: Wir sind nicht zufrieden mit der Situation, und das ist deine Schuld.

Wenn Eltern frustriert über die Beziehung zu ihren Kindern sind, ist das jedoch niemals die Schuld der Kinder. Vielmehr stehen Sie in der Verantwortung, Ihren eigenen Beitrag zur Gesamtsituation zu ändern. Wenn wir dem Kind die Schuld geben, kränken wir seine persönliche Integrität und reduzieren seine Lebenstauglichkeit. Schuld und Scham sind die beiden selbstzerstörerischsten Gefühle, die wir kennen.

Das bedeutet nicht, dass ich Sie für »verantwortungslos« halte – ganz und gar nicht! Es spricht ja zum Beispiel für Ihr Verantwortungsgefühl, dass Sie Ihrer Tochter ein zivilisiertes Benehmen bei

Tisch beibringen wollen. Aber die Stimmung in einer Familie, auch zwischen den Eltern, hängt nur sehr selten davon ab, *was* wir tun, sondern vor allen Dingen *wie* wir es tun. Das ist die wichtige Dimension, die von den TV-Nannys vergessen wird. Stattdessen bauen sie eine falsche Wirklichkeit auf, in der sich scheinbar alles um Erziehung dreht – um richtige oder falsche Erziehung oder auch um die Abwesenheit von Erziehung.

Ihre Tochter macht mit ihrem anstrengenden Benehmen darauf aufmerksam, dass etwas mit Ihrer Beziehung nicht in Ordnung ist – dass es ihr nicht wirklich gut geht, und es ist Ihre Aufgabe, darüber nachzudenken, woran das liegen könnte. Das bedeutet nicht, dass Sie bisher »schlechte« Eltern gewesen sind, sondern nur, dass Sie sich in ein paar Punkten geirrt haben, was an sich halb so schlimm ist, wenn Sie die Verantwortung dafür übernehmen und Ihr Verhalten ändern. Alle Eltern irren sich in gewissen Punkten, und wir können unsere Elternkompetenz nur dann steigern, wenn wir aus unseren Fehlern lernen.

Ich kenne Ihre Familie nicht persönlich, aber manches deutet darauf hin, dass Sie es in Ihrem Bestreben, dass alles reibungslos funktioniert, zu eilig haben. Ihre Tochter scheint sich mehr als Belastung, weniger als Mensch und Teil der Gemeinschaft zu fühlen. Bei modernen Kindern sehen wir oft diese besondere Form der Einsamkeit, und früher oder später betrifft sie auch die Liebesbeziehung der Erwachsenen. Wir spüren nicht mehr, dass wir das Leben unseres Partners bereichern, wenn sich alle Energie auf die Arbeit und die familiären Abläufe richtet.

Vielleicht ist es das, was Ihre Tochter Ihnen sagen will: »Hört doch bitte damit auf! Können wir es nicht einfach ein bisschen gemütlich haben?« Unabhängig davon, was sie Ihnen eventuell mitteilen will, möchte ich Ihnen Folgendes vorschlagen: Setzen Sie sich mit Ihrer Tochter in Ruhe zusammen und sagen Sie zu ihr: »Wir waren so unsicher, wie wir uns verhalten sollten, dass wir dich für etwas bestraft haben, das nicht deine Schuld ist. Das tut uns sehr leid, und das werden wir auch nicht mehr machen. Wir wissen noch nicht genau, was wir stattdessen tun sollen, aber wir werden auf jeden Fall die Verantwortung dafür übernehmen.«

Im Fernsehen sieht es oft so aus, als würde die Time-out-Methode funktionieren. Und das tut sie auch oft für kurze Zeit. Wenn die Erwachsenen sich viel Mühe geben und konsequent sind, kann die Wirkung sogar ziemlich lange andauern. Es wirkt nämlich immer, wenn die Stärksten die Schwächsten kränken, doch später muss ein hoher Preis dafür gezahlt werden. Die Kinder kämpfen oft ihr Leben lang gegen Schuld und Scham und ihr geringes Selbstwertgefühl an. Außerdem wird das Verhältnis zu den Eltern schlecht. Diese Form der Kränkung hat nichts mit Erziehung zu tun. Sie ist eine Dressur, und die Wunden auf der Seele des Kindes werden nicht dadurch geheilt, dass an anderer Stelle gelobt wird. Wenn Sie also eine Auszeit nehmen wollen, dann nehmen Sie diese gemeinsam. Wenn sich der Konflikt auf destruktive Weise festgefahren hat, also ein Machtkampf entstanden ist, können Sie das Kind mit sich in einen anderen Raum nehmen, sich nebeneinandersetzen und zusammen über alles nachdenken.

Wenn es den Eltern gelingt, eine Weile zu schweigen, sind es oft die Kinder, die als Erste konstruktive Lösungsvorschläge machen.

Schließlich will ich Ihnen noch eine Faustregel mitteilen: Wenn Sie in Erwägung ziehen, Ihrem Kind gegenüber irgendeine »Methode« anzuwenden, dann überlegen Sie zuerst, ob Sie etwas Entsprechendes mit Ihrem Partner tun würden. Lautet die Antwort Nein, dann handelt es sich höchstwahrscheinlich um eine schlechte Idee – es sei denn, Sie würden zu jenen Erwachsenen gehören, die immer noch nicht einsehen wollen, dass es sich bei Kindern um richtige Menschen handelt.

Die Kunst, einen 12-Jährigen einzubeziehen

«

Ich schreibe Ihnen heute, weil mir der 12-jährige Sohn meines Mannes große Schwierigkeiten bereitet. Als sein Vater und ich ein Paar wurden, war er vier Jahr alt. Ich habe mit meinem Mann noch drei weitere Kinder bekommen, von denen der Älteste jetzt sechs ist. Wir haben es seit jeher als sehr anstrengend empfunden, wenn mein Stiefsohn bei uns war, denn er kapselt sich ab und wird völlig unzugänglich, wenn er seinen Willen nicht bekommt. Er ist von Natur aus ein bisschen mürrisch, doch wenn es ihm gut geht, dann strahlt er über das ganze Gesicht. Allerdings lächelt er immer seltener, während seine Wortwahl immer aggressiver wird.
Mittlerweile verschließt er sich aus den geringsten Gründen vor uns: weil er hungrig ist und nicht warten kann, bis es etwas zu essen gibt; weil er kein Geld bekommt, um sich etwas zu kaufen; weil er sich langweilt oder weil er einfach »nach Hause« will, obwohl er weiß, dass das ausgeschlossen ist. Inzwischen ist er nur noch jedes zweite Wochenende und in den Ferien mit uns zusammen, und es gibt kaum einmal Tage ohne Konflikte. Ich bin bisher immer nett zu ihm gewesen, doch wenn er schlechte Laune hat, ziehe ich mich mittlerweile zurück und würde

am liebsten die anderen Kinder vor ihm schützen. Manchmal spielt er schön mit dem Ältesten, aber die meiste Zeit liegt er auf dem Sofa, spielt Computerspiele oder sieht sich irgend etwas im Fernsehen an, während er sich über die Gegenwart seiner kleinen Geschwister ärgert. Er nennt sie »kleine Scheißkerle« und tritt nach ihnen, wenn sie ihn »nerven«. Die Kleinen haben ihn lieb und tun alles, um seine Aufmerksamkeit zu erlangen, doch spüre ich auch, dass sie sich manchmal etwas unsicher fühlen. Ab und zu bringt er zum Ausdruck, dass er eifersüchtig ist. Bekommt einer von ihnen zum Beispiel ein Eis, dann müssen wir uns sofort anhören: »Ich krieg nie etwas!« Oft sagt er auch, wir würden uns nur um die anderen Kinder kümmern.

Wenn er bei uns ist, bin ich sozusagen eine alleinerziehende Mutter für die drei Kleinen, weil mein Mann seine Zeit dann mit ihm verbringen will. Er sagt kaum etwas anderes als »Keine Lust!« oder »Mir egal!« oder »Macht das doch selbst!«, obwohl wir unheimlich viel um die Ohren haben. Er hat quasi keine Interessen. Er hat schon mit vielen Dingen angefangen, verliert aber schnell die Lust, wenn er etwas nicht sofort beherrscht. Er hat zwar Freunde, vermisst aber wohl einen besten Freund. Vor Kurzem ist seine Mutter mit ihm in eine andere Stadt gezogen; in der neuen Schule fällt er durch Konzentrationsmangel, Integrationsschwierigkeiten und seine schlechte Laune auf.

Wenn er bei uns ist, kommt es vor, dass er mit seinen alten Freunden zusammen ist, und dann vergehen schon mal vierundzwanzig Stunden, ehe wir ihn wieder zu Gesicht bekommen. Natürlich wollen wir, dass er pünktlich nach Hause kommt, mit uns zusammen isst und sich an gewisse Regeln hält, doch bin ich auch erleichtert, wenn er anruft und sagt, dass er bei einem Freund übernachtet.

Wir haben ein gutes Verhältnis zu seiner Mutter, haben aber unterschiedliche Wertvorstellungen. Sie hat einen sehr entschiedenen Charakter und kann sich mit anderen Leuten lautstark streiten – wir dagegen sind eher konfliktscheu. Gemeinhin gelten wir als recht einfühlsam und umgänglich, was auch für unsere drei gemeinsamen Kinder gilt. Doch spüre ich, dass ich zugleich ein gewisses Temperament

entwickelt habe; neulich habe ich dem Jungen gegenüber regelrecht zurückgeschrien: »Hier reden wir nicht so miteinander!« Außerdem habe ich gesagt: »Wenn du es hasst, hier zu sein, musst du mit deiner Mutter reden! Wir haben das zu oft gehört, und es tut uns weh!«
Wir sollten vermutlich eine Familienberatungsstelle aufsuchen, aber das ist ein schwerwiegender Schritt. Ich sage mir ständig, dass er ein Kind ist, noch dazu ein Scheidungskind, doch gleichzeitig will ich mich nicht damit abfinden, dass ein 12-Jähriger so viel Macht über mich und mein Wohlbefinden hat, ganz zu schweigen über meine Kinder. Wenn er hier ist, schleiche ich quasi durch mein eigenes Haus, wodurch er sich nicht sicherer zu fühlen scheint.
Ich fürchte immer mehr, dass die ganze Situation unsere Familie zerstört. Mein Mann schläft schlecht, und ich fühle mich als Stiefmutter gescheitert und habe eigentlich die Hoffnung aufgegeben, dass unser Verhältnis sich noch bessert. Was soll ich tun? Müssen wir weiterhin den halben Monat lang mit Bauchschmerzen verbringen?

Eine sehr unglückliche Stiefmutter

Antwort von Jesper Juul:

Ich habe mir erlaubt, Ihre Beschreibung ein wenig zu kürzen, obwohl sie so viele schöne Details enthält, und werde versuchen, mich bei meiner Antwort auf das Wesentliche zu konzentrieren. Ich stimme vollkommen mit Ihnen überein, dass ein 12-Jähriger weder die Familie noch ihre Stimmung lenken sollte und dass Sie und sein Vater etwas dagegen unternehmen müssen. Soweit ich sehe, geht es hier um einen Jungen, der durch die Scheidung seiner Eltern aus der Bahn geworfen wurde und noch nicht wieder in die richtige Spur zurückgefunden hat.

Seine beiden Familien haben ihr Bestes getan, doch hat es nie seinen Bedürfnissen entsprochen. Er ist niemals ein Teil seiner neuen Familie geworden, deshalb benimmt er sich auch nicht so. Da die Pubertät vor der Tür steht, ist es nun wirklich fünf vor zwölf. Der folgende Rat, den ich Ihnen geben möchte, funktioniert in der Regel immer:

»Wenn Sie schon alles erfolglos versucht haben, probieren Sie es mit der Wahrheit!«

Die Wahrheit, der Sie und Ihr Mann sich stellen sollten, lautet: »Wir haben acht Jahre lang alles versucht, was wir konnten, damit du dich mit uns zusammen wohlfühlst. Doch jetzt sehen wir, dass uns das nicht gelungen ist. (Der letzte Satz ist der schwerste, aber auch der wichtigste. Er ist es, mit dem die Erwachsenen die Verantwortung übernehmen.) Wir haben es genauso schwer, wie du es offensichtlich auch hast. Deshalb brauchen wir deine Hilfe. Du musst uns erzählen, was wir falsch machen und wie wir es besser machen können.«

Mit diesen Worten geben Sie Ihrem Stiefsohn das Gefühl, dass Sie ihn endlich mitsamt seinen schwierigen Gefühlen wirklich ernst nehmen. Sie geben nicht länger ihm und seinem problematischen Verhalten die Schuld, dass Ihre Patchworkfamilie nicht reibungslos funktioniert, sondern erkennen Ihre Beteiligung am Entstehen der gesamten Situation an.

Am Anfang wird er nur kurze und nicht sonderlich intelligente Antworten geben, doch wenn Sie ihm zuhören, einfach nur zuhören, ohne zu argumentieren, wird er langsam auftauen und die richtigen Antworten finden. Denken Sie daran, dass er weiß, welche Grundsätze Sie haben, und dass jede Wiederholung der alten Ermahnungen den Kontakt zerstört. Seine 12-jährige Seele ist voller Schmerz und Verzweiflung, Gefühle, die bisher von keinem Erwachsenen gesehen und anerkannt wurden. Erst wenn das geschehen ist, kann er sich anpassen und Ihre Werte und Grenzen respektieren.

Trauer und Verliebtheit im selben Haus

“

Ich habe eine jahrelange konfliktvolle Partnerschaft hinter mir, in der wir immer wieder um eine funktionierende Beziehung gekämpft haben. Ich kann wirklich sagen, dass wir nichts unversucht ließen, aber als auch die letzte Paartherapie keine Lösung brachte, habe ich mir vor gut einem Jahr endlich ein Herz genommen und meine Frau verlassen. Unsere achtjährige Tochter wohnt nun im wöchentlichen Wechsel eine Woche bei ihrer Mutter und eine Woche bei mir – eine Regelung, die von Anfang an funktioniert hat, da meine Exfrau und ich gut miteinander kommunizieren.
Ich muss zugeben, dass ich mich seit der Scheidung »wie neugeboren« fühle, voller Energie und Lebensfreude. Nun habe ich mich vor wenigen Monaten auch noch in eine Frau verliebt, mit der ich mir vorstellen könnte, irgendwann zusammenzuziehen, was mich sehr glücklich macht. Doch inzwischen ist meine Freude getrübt. Meine Tochter, die oft gesagt hat, dass es ihr viel besser geht, nachdem ihre Mutter und ich uns getrennt haben, ist nun sehr zornig auf mich und meine neue Freundin. Sie zeigt uns das auch deutlich, indem Sie besonders meine Freundin schlecht behandelt. Meine Freundin mag meine Tochter sehr gern, ist durch ihr ablehnendes Verhalten aber auch verletzt.
Inzwischen ist es so weit gekommen, dass mein Kind nicht mehr in jeder zweiten Woche bei mir wohnen will, was für alle Beteiligten ein

Problem ist. Ich hänge sehr an meiner Tochter, kann ihr schlechtes Benehmen aber nicht akzeptieren und möchte mir von ihr auch nicht vorschreiben lassen, mit wem ich zusammen sein darf. Jetzt brauche ich Ihren Rat, wie ich am besten mit ihrer Eifersucht umgehen soll.

Ein Vater, der glücklich und traurig zugleich ist

Antwort von Jesper Juul:

Jeder, der geschieden wird, fragt sich, was wohl das Beste für die Kinder ist oder inwieweit die Scheidung sie belastet. Sollten wir der Kinder wegen zusammenbleiben?, lautet eine der vielen Fragen, die vom Fragesteller meist umgehend mit der Feststellung beantwortet wird, dass es dem Wohl der Kinder nicht dienen kann, wenn ihre Eltern an einer unglücklichen Beziehung festhalten.

Die Situation im Umfeld einer Scheidung ist so komplex, dass es keine einfachen Antworten gibt. In jedem einzelnen Fall muss man die involvierten Seiten kennen, und selbst dann können die wechselseitigen Beziehungen noch Monate oder Jahre später unvorhersehbare Entwicklungen nehmen.

In Ihrer Familie war die Scheidung eine Erleichterung für die Erwachsenen, und Ihre Tochter war zunächst offenbar genauso erleichtert. Vielleicht nicht über die Scheidung an sich, doch in jedem Fall darüber, dass es ihren Eltern besser ging.

Diese Loyalität ihren Eltern gegenüber hat ihre eigene Trauer über den Verlust ihrer Familie überlagert – eine Trauer, die alle Kinder erleben, unabhängig davon, wie es den Erwachsenen geht. Das bedeutet, dass Kinder noch lange Zeit nach einer Scheidung Eltern brauchen, die ihnen nahe sind und ihren Finger sozusagen am Puls ihrer Kinder haben; die ihre Stimmungen wahrnehmen, ihre Körpersprache beachten und aufmerksam dem zuhören, was sie zu sagen haben. Bei den meisten Kindern, die über eineinhalb bis zwei Jahre alt sind, dauert es circa drei Jahre, bis sie die Trennung ihrer Eltern akzeptieren können.

Kinder brauchen Zeit, bis sie über den Verlust der Familie, der Sicherheit und der Vorstellung, diese würde ewig andauern, hinweggekommen sind.

Wenn man sich verliebt, wird man im buchstäblichen Sinn »egozentrisch«. So muss es auch sein, wenn man richtig verliebt ist, und jeder sollte sich hüten, darüber ein moralisches Urteil zu fällen. Das schließt natürlich mit ein, dass der Verliebte für andere weniger zur Verfügung steht. In Ihrem Fall ist in Ihrem Bewusstsein ein bisschen weniger Raum für Ihre Tochter, Sie sind weniger gegenwärtig als früher und außerdem so glücklich, dass Ihre Tochter, wenn es ihr möglich wäre, alles dafür tun würde, um ihr eigenes Unglück zu verbergen.

Doch es ist ihr eben nicht möglich. Sie braucht ihren Vater und ihre Mutter in dieser schweren Zeit. Die wenigsten 8-jährigen Töchter richten ihren Zorn gegen den geliebten Vater. Deshalb richtet auch Ihr Kind seine Wut lieber auf Ihre Auserkorene, also auf diejenige, die den Platz in Ihrem Bewusstsein eingenommen hat, den Ihre Tochter so nötig braucht.

Nun fragen Sie sich wahrscheinlich, ob man als Vater denn kein Recht darauf hat, verliebt zu sein? Doch, natürlich hat man das, aber in diesem Fall müssen Sie eben einen gewissen Preis dafür zahlen. Was Sie Ihrer Freundin geben, müssen Sie vom Konto Ihrer Tochter abziehen, obwohl es sich um zwei völlig verschiedene Formen der Liebe handelt. Hätten Sie mir schon vor ein paar Monaten geschrieben, dann hätte ich Ihnen sicherlich geraten, mit Ihrer neuen Liebe äußerst diskret umzugehen. Ich kann Ihnen auch jetzt nur empfehlen, zurückhaltend zu sein, wenn es darum geht, Zeit zu dritt zu verbringen. Führen Sie vor allen Dingen einige gründliche Gespräche mit Ihrer Tochter über ihre Bedürfnisse und ihre Einstellung der neuen Familie gegenüber. Was nicht bedeutet, dass Sie ein Leben zu den Prämissen Ihrer Tochter führen sollen, doch müssen Sie ihre Bedürfnisse, Grenzen und Gefühle in Ihre Planungen mit einbeziehen.

Ich schlage vor, dass Sie das Gespräch mit Ihrer Tochter suchen und einräumen, ein wenig zu schnell gewesen und fälschlicherweise davon ausgegangen zu sein, dass Ihr eigenes Glück auch ihr Glück bedeuten würde. Sagen Sie ihr, wie viel sie Ihnen bedeutet und dass Sie sich vorgenommen haben, Ihre Lust, eine neue Dreierfamilie zu gründen, ein wenig zu zügeln. Außerdem können Sie Ihre Tochter einladen, ihren Zorn gegen Sie statt gegen Ihre Freundin zu richten. Erklären Sie ihr, dass Ihre eigene Erleichterung über die Scheidung so groß war, dass Sie Schwierigkeiten gehabt hätten, sich in ihre Trauer hineinzuversetzen, dass Sie dies aber nun versuchen wollen.

Ihr »ablehnendes Verhalten« dürfen Sie ihr nicht vorwerfen, denn es handelt sich nur um den Versuch eines Kindes, seinen Schmerz mit Ihnen zu teilen.

Gibt es hierzu eine Alternative? Ja, Sie können ihr auch erzählen, dass Sie ihren Bedürfnissen leider nicht entgegenkommen können, weil Ihnen die neue Partnerschaft so wichtig ist. Das macht Sie zwar nicht zu einem schlechten Menschen, doch zu einem ungenügenden Vater, der schließlich die Konsequenzen für die Wahl seiner Priorität tragen muss. Die Folge wird vermutlich ein langer Abnutzungskampf sein, in dem Ihre beiden »Frauen« das Gefühl verlieren, wertvoll für Sie zu sein, wodurch auch Sie all das Gute einbüßen, das sie Ihnen geben könnten.

Integrität

… heißt, zu sich selbst Ja zu sagen –
und auch mal Nein zu Wünschen anderer

Die eigene Persönlichkeit wahren

Ich erlebe bei vielen Paaren, die in meine Beratung kommen, dass ein Elternteil versucht in der Familie einen Konsens herzustellen. Aus diesem Grund ist er bereit, schnell nachzugeben und vieles mitzumachen, obwohl seine eigenen Grenzen dabei überschritten und seine Bedürfnisse missachtet werden. Wer jedoch zu häufig seine Integrität verliert und »Ja« sagt, wo er eigentlich »Nein« meint, erlebt Liebe schnell als Gefängnis und Familie als erdrückend. Ich bin davon überzeugt, dass eine Gemeinschaft umso stärker ist, je stärker jeder Einzelne sich als Individuum definiert. Das heißt, je genauer er weiß, was er will oder nicht will, und dies auch deutlich ausdrücken kann. Das hat nichts mit Egoismus zu tun. Denn seine Bedürfnisse zu äußern bedeutet nicht, sie um jeden Preis durchsetzen zu wollen oder zu erwarten, dass sie erfüllt werden. Es ist vielmehr der Einstieg, um anderen zu begegnen und sich mit deren Bedürfnissen auseinanderzusetzen.

In jeder Familie treffen Unterschiede aufeinander. Jeder Einzelne, ob groß oder klein, ist ein Individuum mit eigenen Bedürfnissen, die gesehen werden wollen. Das anzuerkennen ist für viele Eltern schwer, weil sie in ihrer Herkunftsfamilie nicht lernen konnten, ihre Integrität zu wahren. Schließlich wurden die physischen und psychischen Grenzen und Bedürfnisse von Kindern und Jugendlichen über Jahrhunderte hinweg systematisch missachtet. Um geliebt zu werden, wurde von ihnen erwartet, die eigene Individualität zu unterdrücken und gehorsam das zu tun, was die Eltern forderten.

Ein solches Verhalten wurde noch vor nicht allzu langer Zeit als richtig und notwendig angesehen. Und noch heute spuken meiner Meinung nach einige dieser Gedanken in den Köpfen moderner Eltern herum. Sie haben schließlich selbst gelernt zu kooperieren, wie es alle Kinder machen, um von ihren Eltern geliebt zu werden: Kinder sind bereit, sich anzupassen und alles zu tun, was von ihnen gefordert wird. Dabei übersehen Eltern oft die Signale des Unwohlseins, die ihre Kinder dabei aussenden und die sich in diversen Symptomen zeigen können. Wenn Kinder dauernd entgegen ihren wahren Bedürfnissen kooperieren, kann dies entweder zu selbstzerstörerischem Verhalten führen, das sich zum Beispiel in Form von Bauchschmerzen oder Essstörungen äußert (wie der erste Elternbrief sehr gut zeigt), oder sie stellen die Kooperation ein und werden aus Sicht der Erwachsenen »schwierig«.

Als Erwachsene müssen wir die volle Verantwortung für unser Handeln übernehmen und deshalb unser Verhalten immer wieder kritisch überprüfen. Es hilft niemandem, wenn wir die Führungsrolle abgeben und zu allem »Ja« sagen. Ein »Ja« ist Kindern immer willkommen. Ein »Nein«, auch ein freundliches, frustriert dagegen und macht traurig oder wütend, sodass es je nach Temperament des Kindes durchaus zu einer anstrengenden Szene kommen kann. Doch da müssen alle Beteiligten durch, denn nur so lernen Kinder mit der Zeit mit einem »Nein« umzugehen. Es ist eine elementare Lebenserfahrung, die sie dringend brauchen, um später, auch nach Niederlagen und Schicksalsschlägen, wieder aufstehen zu können. Es nützt jedoch genauso wenig, ein nicht verhandelbares »Nein« um jeden Preis durchdrücken zu wollen.

Integrität in der Familie bedeutet, dass Eltern, statt Grenzen für ihre Kinder zu definieren, ihre eigenen Grenzen aufzeigen, zum Beispiel: »Mir ist die Musik zu laut, bitte mach sie leiser« anstatt: »Mach sofort das Handy leiser, sonst kommt es weg!« So kann schließlich ein Miteinander in der Familie entstehen, in dem sich Kinder geliebt und respektiert zugleich fühlen.

Kinder und Stress

“

Ich habe in der Zeitung erst kürzlich eine Reihe von Artikeln über Kinder und Stress gelesen. Ich bin Vollzeit berufstätig und erziehe meine 10-jährige Tochter allein. Sie musste schon früh selbstständig werden, da ich morgens nicht so lange zu Hause bleiben kann, dass ich sie wecken, mit ihr frühstücken oder darauf achten kann, dass sie ordentlich angezogen ist, wie das bei anderen Kindern aus ihrem Freundeskreis der Fall ist. Ich rufe sie dann aus der Arbeit an und vergewissere mich, dass sie auch aufgestanden ist und gefrühstückt hat. Schon seit einem Jahr leidet Sandra häufig an Bauchschmerzen, die manchmal so heftig sind, dass sie aus der Schule nach Hause geschickt wird. In letzter Zeit sind sie so schlimm geworden, dass der Verdacht auf Blinddarmentzündung bestand. Doch Sandras Kinderarzt meint, dass ihre Probleme keinerlei organische Ursachen haben. Nachdem ich nun die Artikel in der Zeitung gelesen habe, mache ich mir große Sorgen, dass Sandra unter Stress steht und mein Lebensstil die Ursache für ihre häufigen Bauchschmerzen ist. Ich weiß aber nicht, wie ich daran etwas ändern soll – schließlich muss ich doch Geld verdienen und für uns beide sorgen. Da sehe ich wirklich keine Alternative. Leider zehren die viele Arbeit und mein ständiges schlechtes Gewissen, dass ich zu wenig Zeit für meine Tochter habe, auch an meiner Gesundheit und meinen Nerven. Am Wochenende bin ich oft so erschöpft, dass ich keine Geduld habe und schnell zu schimpfen anfange, wenn Sandra trödelt und nicht so mitmacht, wie ich mir das vorstelle. Mir wird alles zu viel, schließlich bleibt ja kaum mehr Zeit für mich selbst oder für Freunde. Ich habe Angst, dass ich alles falsch mache, und weiß keinen Ausweg. Was soll ich bloß tun, damit es meiner Tochter wieder besser geht und wir ein entspannteres Miteinander haben?

Eine verzweifelte, gestresste Mutter

Antwort von Jesper Juul:

Lassen Sie mich zunächst einmal damit beginnen, dass Ihre Tochter mit ihren psychosomatischen Bauchschmerzen nicht allein dasteht. Immer mehr Kinder leiden unter Stresssymptomen. Die häufigsten sind Kopf-, Muskel-, Bauch- und Gelenkschmerzen, Schwindelanfälle und Sehstörungen. Doch ehe es so weit kommt, bemerken wir oft eine scheinbar unerklärliche Aggressivität und Reizbarkeit, verminderten oder stark erhöhten Appetit, »Trotz« und Starrsinn sowie Kinder, die plötzlich »Nein«! sagen, wo sie früher kooperiert haben. Noch früher beginnt der Energielevel der Kinder spürbar zu sinken.

Kinder reagieren also genauso wie Erwachsene und auch aus demselben Grund: Es ist zu einem chronischen Ungleichgewicht gekommen zwischen ihren eigenen Grenzen und Bedürfnissen und ihrem Drang, mit dem Verhalten der Eltern sowie den Forderungen und Erwartungen ihrer Umwelt zu kooperieren. Geschieht dies über einen längeren Zeitraum hinweg, machen sich die voraussagbaren Signale und Symptome bemerkbar, die hier beschrieben werden.

Ich kann Ihnen nur sagen, dass Sie eine existenzielle Entscheidung treffen müssen: Ihren bisherigen Lebensstil fortzusetzen oder diesen zu ändern. Wenn Sie ihn fortsetzen – das ist ja immerhin eine der beiden möglichen Alternativen, für die Sie die Verantwortung übernehmen können –, müssen Sie sich darauf einstellen, nicht nur die Verantwortung für die körperliche und seelische Gesundheit Ihrer Tochter zu übernehmen, sondern auch für die Belastung Ihrer wechselseitigen Beziehung. Hinzu kommen noch die Auswirkungen auf Ihre eigene Gesundheit, die sich auf längere Sicht garantiert einstellen werden. Mit anderen Worten: Wollen Sie konform handeln oder Ihre Integrität wahren?

Ein Teil Ihres Dilemmas besteht darin, dass Sie selbst in einer Gesellschaft aufgewachsen sind, die besonders bei Kindern und Jugendlichen in erster Linie auf Konformität setzt und Menschen, die Verantwortung für ihr eigenes Leben übernehmen, als anstrengend empfindet. Abgesehen von der Notwendigkeit, eine Entscheidung zu treffen, die womöglich große soziale und ökonomische Veränderungen mit sich bringt, müssen Sie nun auch die Werte infrage stellen, die Ihre Kindheit und Jugend geprägt haben.

Die öffentliche Debatte um »Kinder und Stress« ist meiner Meinung nach jahrelang zu eindimensional geführt worden. Man hat den Eltern vorgeworfen, sie seien zu viel mit Beruf und Karriere beschäftigt und nähmen sich zu wenig Zeit (das magische Wort) für ihre Kinder, oder sie machten ihre Kinder zu einem ehrgeizigen Projekt und stellten zu hohe Anforderungen an schulische Leistungen und Freizeitaktivitäten. Viele Eltern haben sich von diesem Vorwurf sehr unter Druck gesetzt gefühlt (Schuldgefühle und ein schlechtes Gewissen sind, wie Sie ja selbst bereits festgestellt haben, bedeutsame Stressfaktoren).

Doch ist das Phänomen sehr viel komplexer, als die meisten glauben, und es scheint äußerst zweifelhaft, jemandem dafür die »Schuld« in die Schuhe zu schieben. In der Terminologie meines Fachs wird Stress als »systemisches Phänomen« bezeichnet. Das bedeutet, dass die Mitglieder der Gesellschaft, in der dieses Problem kursiert, sich sehr dafür einsetzen müssen, sich nicht anstecken zu lassen. Das gilt sowohl für private Gemeinschaften wie Familien und

Freundeskreise als auch für die Arbeitswelt oder die Gesellschaft im Allgemeinen. Niemand kann sich dem Einfluss dieses Phänomens vollkommen entziehen, doch manche werden stärker beeinflusst als andere und beeinflussen dadurch auch ihr persönliches Umfeld.

Das System funktioniert wechselseitig: Meine Kollegen sind gestresst, deshalb bin ich auch gestresst und setze meine Kollegen noch mehr Stress aus. Oder: Mein Mann ist gestresst und häufig abwesend und trägt nur wenig zur Familie bei, was mich stresst. Meine Kritik und Forderungen stressen ihn, was wiederum die Kinder stresst, deren Symptome uns beide noch stärker stressen. Infolgedessen verlieren wir die Lust auf Sex, was dazu führt, dass wir uns ungenügend fühlen. Auf diese Weise wächst der Stress stets weiter an.

Dieser wechselseitige Prozess ist sowohl ein Naturgesetz als auch ein Produkt unserer sozialen Programmierung, die dazu führt, dass wir der Zusammenarbeit, Anpassung und Konformität allzu oft den Vorzug vor der Wahrung unserer Grenzen und Bedürfnisse geben.

Darum gibt es nur einen Ausweg aus diesem Teufelskreis: die Verantwortung für sein eigenes Leben zu übernehmen.

Wir können aus dem System nicht ausbrechen, aber wir können auf unsere Individualität bestehen und eine gewisse Kontrolle erlangen – zu dem Preis, den alle bezahlen müssen, die Teil einer größeren Gemeinschaft sein wollen. Wir wahren unsere Integrität, indem wir unsere Bedürfnisse höher einschätzen als die der anderen. Anders funktioniert es nicht. Wir müssen uns also entscheiden für Zusammenarbeit oder dafür, unsere Bedürfnisse in diesem Moment für wichtiger anzusehen. In der Familie sollten wir das je nach Situation tun und unsere Entscheidung immer wieder überprüfen.

Eine solche Wahl hat jeder Erwachsene, nur Kinder haben sie nicht. In diesem Zusammenhang (wie in vielen anderen) kann man erst dann die Verantwortung für das Leben und Wohlergehen seiner Kinder übernehmen, wenn man Verantwortung für sich selbst übernimmt. Kinder sind nicht gestresst, wenn es nicht die gesamte Familie ist. Ungesunder Stress hat nur selten mit der Fülle der Anforderungen und Erwartungen zu tun, sondern damit, wie wir uns zu diesen verhalten. Tatsächlich sind Kinder in der Lage, nahezu unbegrenzte Mengen an Stress zu ertragen, wenn sie »nur« genug Hilfe, Fürsorge und Nähe bekommen, und zwar in einer »Qualität«, die ihnen dabei hilft, den Stress wieder abzubauen. Wenn die ihnen nahestehenden Erwachsenen ihnen jedoch nicht vorleben können, wie man mit Stressreaktionen, die ein normaler Bestandteil des Lebens sind, umgeht, dann ist das für Kinder ein ernstes Problem.

Doch warum bekommen so viele Kinder nicht die Hilfe, die nötig wäre, um Stress abzubauen? Das liegt daran, dass viele Eltern sozusagen Stress mit Stress beantworten. Das geschieht nicht nur in Familien, in denen die Eltern generell von ihrer Arbeit gestresst sind. Stress kann auch aus Perfektionismus oder Unsicherheit heraus entstehen oder aus der Angst, etwas Falsches zu tun. Es kann also ebenso gut eine zu Hause arbeitende Mutter wie ein karrierefixierter Vater sein, die dem Stress ihres Kindes mit eigenem Stress begegnen und damit verhindern, dass ihr Kind zur Ruhe kommt, seinen Stress abbaut, den Kontakt mit sich selbst wiederfindet.

Für größere Kinder geht es vor allem darum, die Nähe eines Erwachsenen zu spüren, der ihnen nahesteht. Im weiteren Verlauf ihrer Kindheit und Jugend brauchen sie erwachsene Rollenmodelle, die ihnen zeigen, wie man verschiedene Formen von Stress im Allgemeinen meistert. Darum ist es das Allerbeste, was Eltern für ihre Kinder (und für sich) tun können, wenn sie bis zur Einschulung circa eine halbe Stunde am Tag mit ihnen spielen – und gerne darüber hinaus, wenn sie das wollen. Elektronische Spiele können dies niemals ersetzen, weil sie nur die Anzahl der äußeren Reize erhöhen, die Kinder von vornherein stressen. Auch wenn Sandra schon aus diesem Alter heraus ist – Spiel entstresst immer, und bestimmt finden Sie auch jetzt noch eine Möglichkeit, die Ihnen beiden Freude bereitet. Kinder brauchen unsere Fürsorge, damit sie lernen, Stress abzubauen, und wir brauchen die Fürsorge für unsere Kinder, weil sie uns eine Lebensqualität verschafft, die man weder mit Geld kaufen noch an billige Arbeitskräfte delegieren kann.

Stress ist auf dem besten Weg, eine Volkskrankheit zu werden, die auch Kinder betrifft. So hat sich die Gesellschaft entwickelt, wofür keine Einzelpersonen verantwortlich gemacht werden können; auf der anderen Seite sind individuelle, existenzielle Entscheidungen erforderlich, um den schädlichen Folgewirkungen auf Erwachsene und Kinder sowie auf das innerfamiliäre Zusammenspiel vorzubeugen oder diese zu begrenzen. Wollen wir integer handeln, oder wollen wir lieber Daumen drücken, die Augen verschließen und darauf hoffen, dass sich schon irgendwie alles regeln wird?

Es kann schon einige Zeit in Anspruch nehmen, um eine Antwort auf diese Frage zu finden. Ihre Unsicherheit hinsichtlich Ihrer Rolle als Ernährerin und Erzieherin ist völlig verständlich. Sie lässt sich nicht wegzaubern. Sie können vielleicht das eine oder andere in Ihrem Arbeitsleben ändern, aber die Mietpreise und Lebenshaltungskosten sind nun mal, wie sie sind. Würden Sie Menschen um Rat fragen, die selbst einen stressbedingten Totalzusammenbruch erlitten haben, würden diese Ihnen zweifellos raten, integer zu handeln, doch können Sie Ihre Hoffnung natürlich auch darauf setzen, dass es bei Ihnen und/oder Ihrer Tochter schon nicht zum Zusammenbruch kommen wird.

Falls Sie sich für Letzteres entscheiden, ist es ein Gebot der Anständigkeit, Ihrer Tochter in die Augen zu blicken und ihr zu sagen: »Ich weiß, dass unser Leben dich krank macht und dich an deinem Wert zweifeln lässt. Das macht mich furchtbar traurig, doch sehe ich im Moment keine andere Lösung, also musst du wohl mit der Mutter leben, die du hast.« So erhalten Sie sich Ihre Glaubwürdigkeit sowie das Vertrauen Ihres Kindes und bewahren Sandra davor, ohne die Führung ihrer Mutter klarkommen zu müssen.

Ein »autonomes« Mädchen?

“

Wir haben das tollste Mädchen der Welt! Wenn sie sich mal von ihrer guten Seite zeigt, wohlgemerkt. Von ihrer Geburt an hatte sie einen starken Willen und ein heftiges Temperament. Die Leute reden von Trotzalter, doch habe ich das Gefühl, wir erleben diese Phase nun schon seit vier, fünf Jahren. Im Kindergarten ist alles eitel Sonnenschein. Dort zeigt sie in keiner Weise ein auffälliges Verhalten; außerdem haben uns die Betreuerinnen gesagt, es gäbe in den Gruppen viele Kinder, die noch temperamentvoller seien als unsere Tochter. Also scheint mit uns etwas nicht zu stimmen.

Wir haben es mit den üblichen Tricks probiert: einem Belohnungssystem, weniger Spielsachen, einer Auszeit, absoluter Konsequenz – nichts hat bisher geholfen! Mittlerweile sind wir total erschöpft! Das ist furchtbar schade, denn wenn sie ausnahmsweise einmal gut aufgelegt ist, bringen wir nicht mehr die nötige Energie auf, um eine entspannte Zeit mir ihr zu verbringen. Wir loben sie regelmäßig und überschütten sie förmlich mit Liebe, setzen aber auch klare Grenzen.

Wenn ich ihr sage, dass Mama sehr traurig ist, wenn sie sich so benimmt, dann sieht sie mich an und antwortet: »Dann bist du eben traurig!« Sie gibt ständig Widerworte und drückt sich teilweise sehr derb aus. Am schlimmsten ist es aber, wenn sie sich anziehen soll. Alles ist falsch: die Unterhose, die Socken. Sie darf sich die Sachen am

Abend zuvor selbst aussuchen, und ich bin die ganze Zeit bei ihr, wenn sie sich anziehen soll. Jeden Tag bekommt sie gewaltige Wutanfälle. Neulich hat es vier Stunden gedauert, bis sie sich wieder beruhigt hat! Sie kann uns so ungeheuer provozieren, dass ich fast den Verstand verliere. Manchmal müssen mein Mann und ich uns abwechseln, damit wir uns nicht völlig ausgelaugt fühlen. Unsere Tochter liebt es, im Mittelpunkt zu stehen, sie singt und spielt uns jeden Abend etwas vor. Wir schenken ihr schon so viel Aufmerksamkeit, doch irgendwie scheint es nie genug zu sein.
Ich weiß nicht, was wir noch tun sollen. Ich habe Angst, dass das immer so weitergeht oder noch schlimmer wird. Im Kindergarten sagen sie, dass wir einfach weiter konsequent sein sollen, dann werde sich schon alles zum Guten wenden. Wenn etwas mit ihr nicht stimmen würde, so sagen sie, dann hätten sie es auch im Umgang mit den anderen Kindern oder Betreuerinnen bemerkt.
Gibt es nicht doch noch etwas, das wir tun können?

Zwei völlig erschöpfte Eltern

Antwort von Jesper Juul:

Bei der Antwort auf Ihren Brief muss ich ein paar »Risiken« eingehen, da ich nicht die Möglichkeit hatte, mit Ihnen und Ihrer Familie persönlich zusammenzutreffen. Auf der anderen Seite ähnelt Ihre Beschreibung vielen anderen, die ich im Laufe der Zeit gelesen und gehört habe. Meine vorsichtige Vermutung ist daher, dass Sie so glücklich sind, ein Kind bekommen zu haben, das ich mit dem Ausdruck »autonom« bezeichne.

Nachdem ich viele Jahre Bedenken hatte, über diese Art von Kindern zu reden und zu schreiben, habe ich mich letztlich doch dazu entschieden. Teils weil viele Eltern so verzweifelt und erschöpft sind wie Sie, teils weil diesen Kindern entweder eine offizielle Diagnose aufgepfropft wird und/oder weil ihre Eltern der unglückseligen Tendenz zum Opfer fallen, es ganz traditionell mit dem Setzen von Grenzen zu versuchen.

Doch Grenzen zu setzen ist bei diesen Kindern das Schlimmste, was man tun kann.

Wenn ich diese Kinder in von mir geleiteten Fachgruppen in ganz Europa beschreibe, reagieren circa 10 Prozent der Teilnehmer mit »So ein Kind habe ich auch!« oder »So ein Kind war ich selbst!«. Es gibt also einige Kinder und Eltern, die dasselbe wie Sie erleben.

In sehr komprimierter Form lässt sich Folgendes über diese Kinder sagen: Sie werden oft »fertig« geboren, ohne Babyspeck, mit wohldefinierten Muskeln und einem Gesicht, das bereits Persönlichkeit hat. In ihrer motorischen Entwicklung sind sie Gleichaltrigen oft mehrere Wochen voraus, und der Wille zur Selbstständigkeit steht ihnen von Beginn an quasi ins Gesicht geschrieben. Sie weisen oft die Art von Zärtlichkeit zurück, die andere Babys lieben, und sind unempfänglich für das, was wir gemeinhin als »Erziehung« bezeichnen. Circa die Hälfte von ihnen zeigt in Kindergarten und Schule ein anderes Verhalten, während die anderen sowohl innerhalb als auch außerhalb der eigenen vier Wände als sehr anstrengend und »schwierig« empfunden werden.

Die Eltern dieser Kinder sind oft verzweifelt darüber, was eine Mutter einst folgendermaßen beschrieb: »Ich habe das Gefühl, dass ich sie nicht auf dieselbe Art und Weise lieben kann wie meine anderen Kinder.« Diese Eltern haben, so wie Sie, oft alles versucht, ohne den geringsten Erfolg. Denn autonome Kinder lassen sich nicht so schnell »kleinkriegen«, und im Gegensatz zu den meisten anderen Kindern ziehen sie sich eher von den Eltern zurück, als sich ihnen zu unterwerfen. Das hört sich jetzt vielleicht sehr »dramatisch« an.

Doch wenn man ihre Persönlichkeit verstanden hat, dann ist das Zusammenleben mit ihnen ebenso lehrreich wie vergnüglich.

Ihre Tochter hat es eigentlich von Anfang an klar zum Ausdruck gebracht: »Ich gebe und nehme, wie es mir passt und wann es mir passt. Ihr könnt es mit allen erdenklichen Arten der Motivation und Manipulation versuchen, aber ich garantiere euch, dass ihr damit nichts erreichen werdet. Eigentlich habe ich gar keine hohen Ansprüche – ich will einfach nur geliebt und so respektiert werden, wie ich bin, denn anders sein kann ich beim besten Willen nicht.«

Hätte Ihre Tochter dies von Anfang an mit Worten sagen können, dann hätten Sie vermutlich voller Freude geantwortet: »Aber natürlich, mein Schatz, du bist uns herzlich willkommen! Wir werden unser Bestes tun.« Aber das konnte Ihre Tochter natürlich nicht, deshalb bedurfte es eines fünfjährigen erschöpfenden Kampfes, bevor Sie einen Großteil Ihrer Kräfte und Vorstellungen davon verbraucht haben, wie Ihr Kind eigentlich sein sollte.

Mit Ihrer Familie ist alles in Ordnung. Alle autonomen Kinder, die ich kennengelernt habe, hatten starke, liebevolle, verantwortungsvolle und empfindsame Eltern; aus familientherapeutischer Sicht fehlt Ihrer Familie nichts. Es ist ganz normal, dass Kinder darum kämpfen müssen, als diejenigen gesehen zu werden, die sie sind, doch für die meisten beginnt der ernsthafte Kampf erst in der Pubertät oder später – bei manchen erst nach vielen, vielen Jahren.

Wenn Sie – nachdem Sie dies gelesen haben – der Meinung sind, dass Sie ähnliche Erfahrungen gemacht haben, und der Tatsache ins Auge sehen, dass Sie genau so eine Tochter haben, dann ist der Rest des Weges nicht mehr besonders schwierig zu meistern.

Sie sollten sich zunächst bei einer Kanne Kakao und dem Lieblingskuchen Ihrer Tochter mit ihr zusammensetzen und ungefähr Folgendes sagen: »Fast fünf Jahre lang haben wir geglaubt, immer genau zu wissen, was das Beste für dich ist und was für ein Mensch du sein sollst. Das hat leider zu vielen Kämpfen zwischen uns geführt, und diese Kämpfe haben uns alle drei viel zu oft traurig und wütend gemacht. Aber jetzt haben wir begriffen, dass du ein ganz besonderes Mädchen bist, das vieles weiß und kann, was andere Kinder nicht können, und dem wir absolut vertrauen können. Es tut uns leid, dass wir so störrisch und trotzig waren, und wir sind froh, dass du niemals aufgegeben hast. Von heute an wollen wir unser Bestes geben, um dir zuzuhören und dich ernst zu nehmen. Das wird bestimmt nicht immer einfach für uns sein, und wenn es uns nicht gelingt, musst du uns dabei helfen, willst du das?«

Sagen Sie dies mehrere Male zu sich selbst und mit Ihren eigenen Worten (beschreiben Sie aber nicht das Verhalten Ihrer Tochter!). Wenn es sich richtig anhört, ist es an der Zeit, das Wort an Ihre Tochter zu richten. Dies muss »allen Ernstes« geschehen und von Herzen kommen. Es darf nicht Bestandteil einer neuen pädagogischen Strategie sein. Die einzige Alternative hierzu besteht darin, den Machtkampf fortzusetzen.

Stellen Sie sich auf die beiden folgenden Reaktionen ein: Entweder sagt sie einfach mit großer Selbstverständlichkeit »Ja«, oder sie beginnt vor Erleichterung zu weinen und sagt somit mit dem Körper Ja. Ich habe auch schon Kinder erlebt, die mit »Nein« geantwortet haben, doch hatten diese zu viele körperliche Bestrafungen erlebt und jegliches Vertrauen zu ihren Eltern verloren, was bei Ihrer Familie sicher nicht der Fall ist.

Das Besondere an den autonomen Kindern ist ihre überdurchschnittlich ausgeprägte Eigenverantwortlichkeit.

Sie wollen *selbst* zu allem Stellung beziehen. Sie wollen *selbst* Entscheidungen treffen. Wenn sie sich falsch entschieden haben, wollen sie dies *selbst* erkennen und *selbst* einen Ausweg finden.

Ihre Tochter kann das meiste selbst, doch kann sie es nicht *allein!* Sie braucht Ihre liebevolle Fürsorge, Ihre Hilfe und Ihren Rat – doch muss es sich stets um *Angebote* handeln. Alles andere erlebt sie als Angriff auf ihre persönliche Autonomie. Ich benutze oft das Bild, dass diese Kinder nicht essen wollen, wenn man einen vollen Teller vor ihnen auf den Tisch stellt. Sie wollen Angebote in Form eines Buffets. Dann können sie selbst entscheiden, was, wie viel und wann sie sich etwas nehmen wollen.

Betrachten wir das morgendliche Anziehdrama als Beispiel für Ihr zukünftiges Verhalten:

Fragen Sie Ihre Tochter am Morgen, ob sie Hilfe beim Aussuchen ihrer Kleidung braucht. Wenn sie verneint, können Sie ihr Zimmer verlassen und ihr allenfalls noch einmal Ihre Hilfe anbieten, falls sie es sich anders überlegt. Damit riskieren Sie höchstens, dass sie Kleider anzieht, die nicht zur Jahreszeit oder nicht zueinander passen. Falls das passiert, können Sie sagen: »Aha, das ist aber eine interessante Zusammenstellung! Ich hätte vermutlich etwas anderes ausgesucht, aber sieh zu, wie du im Laufe des Tages damit zurechtkommst.« (Sie kann *nur* aus ihren eigenen Erfahrungen lernen!)

Wenn die Zusammenstellung sehr extrem ausgefallen sein sollte, können Sie den Kindergartenbetreuern vielleicht eine Tüte mit anderer Kleidung geben, die diese dann Ihrer Tochter anbieten können, falls sie frieren oder sich nicht wohlfühlen sollte.

Hin und wieder bekomme ich Briefe von Eltern, die sich in derselben Situation befinden wie Sie. Leser, die sich und ihre Kinder ebenfalls in dem wiedererkennen, was ich hier beschrieben habe, lade ich herzlich ein, mir eine E-Mail zu schreiben (Adresse von familylab siehe Anhang Seite 170).

Ich könnte mir auch gut vorstellen, den betreffenden Familien zielgerichtete Seminare und Vorträge anzubieten. Vielleicht gelingt es uns gemeinsam ja auch, die Forscher davon zu überzeugen, sich diesen einzigartigen Kindern zuzuwenden, von denen wir alle so viel lernen können.

Kleiner Mann – große Verantwortung

„

Ich bin eine alleinerziehende, berufstätige Mutter mit zwei Kindern. Nach einer dramatischen und langwierigen Scheidung lebe ich mit meinen Kindern seit zwei Jahren allein. Beide sind hin und wieder mit ihrem Vater zusammen, doch er ist sehr labil, und es stört uns alle drei, dass dann immer alles zu seinen Bedingungen geschehen muss.
Mein ältestes Kind, ein 10-jähriger Junge, hat in den letzten drei Monaten eine besondere Angst entwickelt, die mir Rätsel aufgibt. Da wir in einem Vorort der Großstadt wohnen, brauche ich abends eine halbe Stunde, um mit dem Zug nach Hause zu kommen.
Er und die meisten Klassenkameraden haben keine Lust, nach der Schule in den Hort zu gehen, also spielen sie abwechselnd beieinander, bis ihre Eltern nach Hause kommen. Das klappt an sich wunderbar, doch mein Sohn hat in letzter Zeit eine starke Angst entwickelt, dass mir auf dem Heimweg etwas passieren könnte.
Es begann damit, dass der Zug mehrere Abende nacheinander Verspätung hatte. Von da an wollte er jeden Abend ganz genau mein Programm für den nächsten Tag wissen, und wenn der Zug jetzt auch nur fünf Minuten Verspätung hat, bricht er fast in Panik aus und lässt sich nur schwer wieder beruhigen. Dann tröste ich ihn so gut ich kann, doch scheint sich seine Angst eher zu verstärken als abzuschwächen. Ich habe jedoch auch Folgendes bemerkt: Wenn im Haus eines Freun-

des, bei dem er spielt, ein Erwachsener anwesend ist, hat er bedeutend weniger Angst. Ich komme seinem Bedürfnis nach, meinen Terminplan bis ins kleinste Detail zu kennen, und rufe ihn selbstverständlich sofort an, wenn ich weiß, dass ich mich verspäte, aber das hilft alles nicht. Was soll ich bloß tun?

Eine ratlose Mutter

Antwort von Jesper Juul:

Ihr Sohn gehört zu den vielen Menschen – großen wie kleinen –, die versuchen, ihre Angst durch Kontrolle zu bekämpfen. Das beseitigt zwar nicht seine Angst, gibt ihm aber das Gefühl, etwas zu tun. In diesem Fall will Ihr Sohn einen genauen Überblick über Ihren Arbeitstag haben, und dennoch wird seine Angst nicht kleiner.

Diese Kontrollreaktion beobachten wir hin und wieder vor allem bei Jungen, die nicht nur zum »Mann im Haus« ihrer Mutter wurden, sondern auch jeden bedeutungsvollen Kontakt zu ihrem Vater verloren haben (zumindest zeitweise). Daran, dass der älteste Sohn in gewisser Weise die Rolle des »Mannes im Haus« übernimmt, können weder Sie noch andere alleinerziehende Mütter viel ändern.

Kinder versuchen stets, nach Kräften das Vakuum zu füllen, das in Familien entsteht, in denen ein Erwachsener fehlt.

Wir beobachten dies auch in Familien, in denen der Vater über einen längeren Zeitraum abwesend ist, weil er zum Beispiel auf einer Bohrinsel arbeitet oder im Ausland stationiert ist. In diesen Familien kommt es in den Zeiten, in denen er zu Hause lebt, oft zu Konflikten, weil sich der Vater nicht mit der Konkurrenzsituation abfinden will und der Sohn nicht in der Lage ist, seine Rolle sofort wieder abzugeben, sobald sein Vater auf der Bildfläche erscheint.

Alle Kinder fühlen sich für das Wohlergehen ihrer Eltern verantwortlich, und dieses Gefühl ist bei den ältesten oft am stärksten ausgeprägt. Es provoziert und bekümmert uns nicht so sehr, wenn das älteste Kind ein Mädchen ist, weil sie »nur« zum verlängerten Arm und zur helfenden Hand ihrer Mutter wird. Wohnt sie hingegen allein mit ihrem Vater zusammen und wendet viel Energie auf, um sich um ihn zu kümmern oder die Rolle einer Art Partnerin einzunehmen, werden wir auch hier skeptisch.

Wir können nicht verhindern, dass Kinder die Verantwortung auf sich nehmen und in diese Rollen schlüpfen, doch wir können etwas sehr Wichtiges tun: Wir können damit aufhören, dies auszunutzen!

Das bedeutet vor allem, dass Sie sich als Mutter davor hüten sollten, Ihre Erwachsenenprobleme mit Ihrem Sohn zu teilen, statt mit anderen Erwachsenen darüber zu reden. Was auch bedeutet, dass Sie vorsichtig sein müssen, ihn dafür zu loben, dass er so »groß« und »tüchtig« ist. Auch Kosenamen wie »mein kleiner Mann« oder Ähnliches sollten tabu sein.

Das beste Gegenmittel, das wir kennen, ist, dafür zu sorgen, dass er massenhaft Zeit zum Spielen hat, allein und mit seinen Freunden, und sich darüber hinaus mit Dingen beschäftigen kann, die seinem Alter entsprechen. Und was besonders wichtig ist: dass Sie sein Verantwortungsbewusstsein anerkennen!

In der aktuellen Situation möchte ich vorschlagen, dass Sie (mit Ihren eigenen Worten) etwa Folgendes zu ihm sagen: »Ich habe begriffen, dass du dich sehr dafür verantwortlich fühlst, dass es mir gut geht. Darüber bin ich einerseits froh, auf der anderen Seite müssen wir aber beide aufpassen, dass die Belastung für dich nicht zu groß wird. Ich verstehe ja, dass du besorgt und ängstlich bist, wenn ich mich verspäte. Deshalb will ich dir natürlich sofort Bescheid sagen, wenn ich weiß, wie groß die Verspätung wird. Aber ich will dir nicht mein ganzes Tagesprogramm mitteilen, weil du dich dafür nicht verantwortlich fühlen sollst und weil das auch nicht dazu führt, dass du weniger Angst hast.« Das ist es, was er wirklich braucht, um seine Angst in den Griff zu bekommen.

Außerdem deutet einiges darauf hin, dass er eine Zeit lang mehr mit stabilen Erwachsenen zusammen sein sollte. Ich schließe das aus Ihrer Erwähnung, dass er weniger Angst hat, wenn ein Erwachsener in der Nähe ist. Darüber hinaus ist es eine gute Idee, dass Sie ein paarmal im Monat überprüfen, wie er über die Scheidung und das Verhältnis zu seinem Vater denkt und fühlt. Das müssen keine langen Gespräche sein; sie sollen ihm nur die Möglichkeit geben, seine Gedanken mit jemandem zu teilen. Dadurch gewinnen Sie auch einen besseren Eindruck, wie es ihm derzeit geht.

Es ist wie gesagt nicht besonders klug, wenn Sie seinem Wunsch nach Kontrolle bezüglich Ihres Arbeitsalltags nachkommen. Kinder wissen, worauf sie Lust haben, kennen aber ihre wahren Bedürfnisse nicht. Ihr Sohn wünscht sich zwar aktuell, genau über jeden Ihrer Schritte Bescheid zu wissen und alles zu kontrollieren, doch sein wirkliches Bedürfnis heißt: »Ich will mich fallen lassen, sorglos spielen und einfach Kind sein dürfen.«

Legen Sie trotzdem weiter vor ihm Rechenschaft ab, läuft er Gefahr, ein permanentes zwanghaftes Kontrollverhalten zu entwickeln. Nehmen Sie ihn stattdessen in den Arm, bleiben Sie bei ihm sitzen und streicheln Sie ihm über den Rücken, bis er sich wieder entspannt. Sie können auch zu ihm sagen: »Ich weiß, dass du glaubst, keine Angst mehr haben zu müssen, wenn ich dir all deine Fragen beantworte, aber das ist nicht so. Ich verspreche dir, Bescheid zu sagen, wenn ich mich verspäte, damit musst du dich begnügen.« Wenn das im Lauf von ein paar Monaten nicht hilft, sollten Sie in Erwägung ziehen, sich professionelle Hilfe zu holen.

Meine Tochter lügt und stiehlt

“

Ich bin eine 39-jährige Mutter, verheiratet und habe vier Kinder im Alter von 18, knapp 14, 9 und 7 Jahren. Meine knapp 14-jährige Tochter ist kürzlich dabei erwischt worden, wie sie eine Pferdedecke stehlen wollte, die 250 Euro kostet. Das ist viel Geld für uns, aber natürlich bin ich nicht nur wegen der hohen Summe alarmiert.
Es war nicht das erste Mal, dass sie etwas gestohlen hat. Es hat auch schon einen Ladendiebstahl gegeben, und selbst uns hat sie schon bestohlen. Ich habe mir Rat bei der Mütterberatungsstelle geholt, außerdem haben wir einen Psychologen konsultiert. Er hat sowohl mit ihr allein als auch zusammen mit uns Eltern gesprochen. Doch irgendwie schien niemand den Diebstahl zu Hause für ein großes Problem zu halten, da es sich angeblich nur um Kleingeld gehandelt hat. Wenn man sie direkt darauf anspricht, streitet sie einfach alles ab, doch sehe ich ihr ganz genau an, wenn sie lügt. Ihr Vater ist da leider schon etwas leichtgläubiger.
Mir ist sehr daran gelegen, dass alles, was wir tun und sagen, Konsequenzen hat – auf die eine oder andere Weise. Darüber habe ich mit meinen Kindern gesprochen und versucht, ihnen bewusst zu machen, dass sie Entscheidungen treffen, die Konsequenzen haben.
Was mache ich falsch? Bin ich nicht präsent genug in ihrem Leben? Ich besuche eine Hochschule und arbeite 70 Prozent. Da mein Mann

beruflich viel unterwegs ist, muss meine Tochter des Öfteren auf ihre jüngeren Geschwister aufpassen (ungefähr 4- bis 6-mal im Monat).
Ich habe früher zu Depressionen geneigt, und wir mussten in unserer Beziehung hart arbeiten, damit unsere Ehe einigermaßen funktionierte. Jetzt habe ich das Gefühl, dass ich im Alltag weniger zu Hause anwesend bin, als ich sollte. Mir liegt nicht besonders viel daran, an irgendwelchen offiziellen Veranstaltungen teilzunehmen, die die Kinder betreffen. Ich gehe normalerweise trotzdem hin, weil dies eben auch dazugehört, wenn man Mutter ist. Doch habe ich ein schlechtes Gewissen, weil es mir keinen Spaß macht. Ich hasse Hausarbeit und solche banalen Dinge und finde, dass die Kinder mithelfen sollten, wenn sie alt genug sind. Das hat bei uns natürlich zu Streitereien geführt – wer hilft schon gerne freiwillig mit? Und in der Regel bin ich es, die sich mit ihnen streitet.
In den letzten Jahren habe ich meine Stimmungsschwankungen ganz gut in den Griff gekriegt. Ich finde, dass ich ein gutes Leben habe, und besonders mein Anfang an der Hochschule hat mir sehr gutgetan. Ich musste mir erst bewusst machen, dass die Art, wie ich über mein Leben denke, entscheidend dafür ist, wie ich mich fühle. Darum versuche ich stets positiv zu denken.
Meine Tochter ist ein kluges Mädchen, doch leider sieht sie keinen Sinn darin, gut in der Schule zu sein, und die Hausaufgaben erledigt sie, wenn überhaupt, mehr schlecht als recht. Bei einem Gespräch mit ihrem Lehrer haben wir vereinbart, eine Belohnung auszusetzen, wenn sie ihre Hausaufgaben bis Weihnachten gewissenhaft erledigt, und bis jetzt sieht es vielversprechend aus.
Es fehlt ihr ein bisschen an Selbstvertrauen, und wirklich enge Freundinnen hat sie auch nicht. Auf der Grundschule hat sie am liebsten mit Jungs gespielt. Mittlerweile hängt sie gern mit 19-jährigen Jungen herum. Ich habe versucht, mit ihr darüber zu sprechen, dass ich davon nicht gerade begeistert bin. Doch sie ist ein ziemlich in sich gekehrter Mensch und will nicht über ihre Gefühle reden. Wenn wir irgendetwas von ihr verlangen, zum Beispiel sich an der Hausarbeit zu beteiligen

oder die Zeit am Computer zu begrenzen, dann wird sie ziemlich wütend. Sie hat sich auch schon selbst verletzt und sich die Arme aufgeritzt. In dieser Phase hat sie viel mit einer Krankenschwester geredet. Seit zwei Jahren hat sie mit den Selbstverletzungen aufgehört.
Wenn ich lese, was ich bis jetzt geschrieben habe, dann sehe ich, dass bisher kaum von meinem Mann, ihrem Vater, die Rede war. Er ist mit einem älteren Bruder aufgewachsen und musste zu Hause nicht viel Verantwortung übernehmen. Ich wurde mit zwei jüngeren Brüdern groß, meine Mutter blieb mit uns dreien allein, sodass ich frühzeitig Verantwortung übernehmen musste.
In der Familie meines Mannes wurden alle Probleme unter den Teppich gekehrt, was ich als Partnerin merke, doch den Kindern gegenüber verhält er sich anders. Er ist sehr engagiert, in den letzten Jahren noch zunehmend, lässt sich in den Elternbeirat wählen und solche Sachen. Doch bin ich es in der Regel, die zu Hause die Entscheidungen trifft. Ich bin es eben gewohnt, Verantwortung zu übernehmen, und versuche stets, eine Lösung zu finden, wenn ich auf ein Problem stoße.
Als ich mit meinem Mann über das Problem gesprochen habe, hatte ich schon entschieden, welche Konsequenzen das Verhalten unserer Tochter haben sollte, doch muss ich auch eine langfristige Lösung finden, und dazu brauche ich Hilfe!
Die Konsequenz für meine Tochter besteht darin, dass sie von dem Geld, das sie zu Weihnachten bekommt, eine neue Pferdedecke kaufen muss. Außerdem wird sie im nächsten Jahr auch keine Geburtstagsgeschenke bekommen (sie hat im Januar Geburtstag). Zusätzlich muss sie sich in meiner Gegenwart noch mal für ihr Verhalten entschuldigen.
Dies ist ein sehr langer Brief geworden. Ich hoffe, Sie schaffen es, ihn ganz zu lesen und mir vielleicht ein paar Vorschläge zu machen.

Eine Mutter, die dringend Ihren Rat braucht

Antwort von Jesper Juul:

Die Sache mit dem Lügen und Stehlen ist immer ein schwieriges Thema, weil es moralisch so stark belastet ist. Bevor ich also fortfahre, möchte ich feststellen, dass ich Ihre Konsequenzen billige, was den jüngsten Diebstahl angeht. Sie hätten sich auch für andere entscheiden können, doch Ihre Entscheidung ist so weit okay.

Kinder und Jugendliche stehlen nur dann, wenn sie sich als Mensch nicht in Ordnung finden und sich in ihrer Familie nicht wohlfühlen. Das wiegt meines Erachtens viel schwerer als das unmoralische Verhalten Ihrer Tochter. Sie schreiben selbst: »Mir ist sehr daran gelegen, dass alles, was wir tun und sagen, Konsequenzen hat. Darüber habe ich mit meinen Kindern gesprochen und versucht, ihnen bewusst zu machen, dass sie Entscheidungen treffen, die Konsequenzen haben.«

Das mangelnde Wohlbefinden und Verhalten Ihrer Tochter sind die Konsequenzen, die Sie und Ihr Mann auf die eigene Kappe nehmen müssen. Es sind die Konsequenzen der Entscheidungen, die Sie getroffen haben, Ihres persönlichen Hintergrunds, all dessen, was Sie getan und nicht getan haben. Ihre Tochter ist absolut unschuldig, das heißt, im juristischen Sinn hat sie sich natürlich der Diebstähle schuldig gemacht, doch trägt sie ganz sicherlich keine Schuld daran, dass es ihr nicht gut geht.

Sie haben Ihr Bestes getan, und in einigen Punkten war dies für mindestens ein Mitglied in der Familie eben nicht gut genug.

Es ist wichtig, dass Sie und Ihr Mann dies anerkennen, ohne selbst in Schuldgefühle zu verfallen. Jetzt müssen Sie die Verantwortung für eine neue und bessere Beziehung zu Ihrer Tochter übernehmen. Meiner Einschätzung nach stehen die Chancen hierfür am besten, wenn Sie einen professionellen Familientherapeuten zurate ziehen, der Ihnen helfen kann, die notwendigen Korrekturen innerhalb Ihrer Familie vorzunehmen, statt sich ausschließlich auf die Symptome des Mädchens zu konzentrieren.

Um Symptome dieser Art (inklusive der Selbstverletzung) kümmert man sich am besten, wenn man sie als Einladung versteht: »Gibt es irgendjemand, der mich in meiner Wirklichkeit besuchen und mir helfen will?« Ihre Tochter hat inzwischen so viele Einladungen ausgesandt, dass es an der Zeit ist, sie dankend anzunehmen.

Fangen Sie zunächst bei sich selbst an und schauen Sie sich Ihr tägliches Zusammenwirken als Familie an. Wie häufig nehmen Sie sich zum Beispiel eine halbe Stunde Zeit, in der Sie wirklich präsent für Ihre Tochter sind? Wie deutlich sind Sie in Ihren Aussagen, wenn Sie wollen, dass sie mehr Pflichten im Haushalt übernimmt? Wenn Sie Ihrer Tochter klarmachen möchten, dass es Ihnen nicht gefällt, dass sie mit älteren Jungen zusammen ist, kommt es dann schnell zu Anklagen und Schuldzuweisungen? Fragen Sie sich auch immer wieder, wie es Ihnen selbst geht und wie Sie sich in der Partnerschaft fühlen? Übernehmen Sie die Verantwortung in der Familie wirklich gern, oder glauben Sie, dass Ihnen eh nichts anderes übrig bleibt?

Sobald Sie die Einladung Ihrer Tochter annehmen, sich mit ihr und damit auch der ganzen familiären Situation auseinanderzusetzen, verschwinden die Symptome in der Regel bald wieder.

Wenn niemand die Einladung Ihrer Tochter annimmt, bleibt ihr nur die Möglichkeit, ein weiteres Symptom zu entwickeln. Eine 14-Jährige ist sich dieser negativen Spirale nicht bewusst, darum haben sowohl Belohnungen als auch Strafen nur einen kurzzeitigen positiven Effekt. Die Botschaft, die hinter beidem steht, lautet ja: »Es macht uns nichts aus, wenn es dir nicht gut geht, und wir wollen auch gar nichts davon erfahren. Wenn du dich jetzt zusammennimmst, bekommst du einen Muffin oder eine andere kleine Belohnung.« Stellen Sie sich nur einmal vor, jemand hätte so etwas zu Ihnen gesagt in den Jahren, in denen Sie unglücklich waren!

Rebellische Jugend oder unfähige Mutter?

“

In den letzten fünf Jahren war ich allein mit meinen drei Kindern, der Älteste hat inzwischen das Nest verlassen und eine eigene Wohnung. Die beiden anderen wohnen noch zu Hause. Die Jüngste ist 15 und an sich eine pflichtbewusste und zielstrebige Jugendliche. Doch seit dem Sommer ist sie ständig mürrisch, schlecht gelaunt und widerborstig. Sie hat jeden Spaß an der Schule verloren, macht ihre Hausaufgaben nicht mehr, hat schon vier Mal geschwänzt und lügt uns auch an.
Die Lügen sind das Schlimmste, ich glaube ihr immer weniger. Abgesehen davon, dass ich persönlich von ihr enttäuscht bin, mache ich mir natürlich auch Sorgen um sie.
Nachdem sie gelogen hat, schickt sie uns oft eine Nachricht, wo sie ist oder dass sie nicht in der Schule war. Sie sagt auch, dass sie keine Lust hat, darüber zu reden, und dass ich nicht zurückrufen soll.
Als ich das letzte Mal entdeckt habe, dass sie nicht zur Schule gefahren ist, habe ich mich so ohnmächtig gefühlt. Die Schule ist natürlich über alles informiert, und auch die Klassenlehrerin hat mit ihr geredet, ohne dass dies etwas geholfen hätte.
Ausgehzeiten, Schlafenszeiten, die Wochenendbesuche beim Vater, Aufräumen, Kleidung, Hausaufgaben – das sind all die Dinge, die bei uns beiden zu täglichen erschöpfenden Auseinandersetzungen führen. Was soll man zu einer Jugendlichen sagen, wenn man das Gefühl hat,

dass sie einen völlig falschen Weg eingeschlagen hat, und was kann man gegen diese totale Null-Bock-Haltung tun, die sie mir und der Schule gegenüber an den Tag legt?

Eine verzweifelte Mutter

Antwort von Jesper Juul:

Sie stellen sehr gute Fragen – Fragen, auf die es fast ebenso viele Antworten wie Familien gibt. Teenagerfamilien haben einiges gemeinsam: den Willen des Teenagers nach Abgrenzung und Andersartigkeit, den verbissenen Kampf junger Mädchen mit ihren Müttern, Krisen im Verhältnis zu Schule und Zukunft, die Verzweiflung und Angst der Eltern, die Hilflosigkeit beider Seiten hinsichtlich einer sinnvollen Kommunikation und so fort.

Ihr Brief steht stellvertretend für die Briefe, die ich von vielen Eltern und Jugendlichen bekomme. Sie beschreiben das Verhalten Ihrer Tochter, aber nicht Ihr eigenes Verhalten, obwohl der Erwachsene sowohl bei der Entstehung als auch bei der Lösung von Konflikten die Hauptrolle spielt. Meine Antwort ist daher allgemeiner gehalten, als Sie sich vielleicht vorgestellt haben.

Warum geraten so viele junge Mädchen in Konflikt mit ihren Müttern?

Weil sie in einer bestimmten Phase panische Angst davor haben, so zu werden wie sie. Darum kämpfen sie um jeden kleinen Unterschied und damit um ihr Recht auf eine eigene Persönlichkeit. Dieser erschöpfende Kampf hat nichts damit zu tun, dass Ihre Tochter Sie nicht lieben oder Sie als Mensch, Frau und Mutter ungeeignet finden würde. Er hat paradoxerweise genau damit zu tun, dass Ihre Tochter Sie liebt und daher eine tiefe Verpflichtung empfindet, so zu werden wie Sie. Auf der anderen Seite wird ihr von ihrem Alter diktiert, dass sie ihre eigene Identität finden und über ihre eigenen Werte sowie Ziele Klarheit gewinnen muss. Und eines Tages endet alles damit, dass sie herausgefunden hat, in welchen Punkten Sie sich gleichen und in welchen Sie sich unterscheiden.

Es sind also nicht unbedingt Sie, die ihr im Weg steht (obwohl das oft der Fall ist), sondern ihre eigene Vorstellung davon, so sein zu müssen wie Sie. Da ihr diese Dynamik nicht bewusst ist, sind Sie zwischenzeitlich zur Feindin erklärt worden.

Es ist dasselbe Dilemma, das sie zum Lügen veranlasst. In ihrem Erleben der Wirklichkeit tut sie Dinge und trifft Entscheidungen, von denen sie glaubt, sie könnte sich mit Ihnen nicht konstruktiv darüber auseinandersetzen oder sie würden Ihnen wehtun. Oder anders formuliert: Ihre Fantasie und/oder Erfahrung sagt ihr, dass sie mit der Wahrheit nicht zu Ihnen kommen und sich einen empathischen, engagierten und konstruktiven Dialog versprechen kann. Sie können sich ja selbst fragen, ob an dieser Einschätzung etwas dran ist. Ihre Botschaft braucht keine Interpretation: »Ich erzähle gern die Wahrheit über mich selbst, habe aber nicht die Erfahrung gemacht, dass dies zu konstruktiven Gesprächen führt.«

Das ist eine ziemlich unverblümte Botschaft an die Eltern, doch hängt das Problem tatsächlich oft mit der Sprache zusammen. Teenagereltern neigen leider dazu, ihren Kindern besserwisserisch, belehrend und ermahnend gegenüberzutreten. Sie stellen dabei ihre eigenen Vorstellungen, wie die Zukunft aussehen sollte, in den Vordergrund. Die Erfahrung und das »bessere Wissen« der Eltern sind ebenso notwendig wie nützlich für Kinder, die noch nicht in der Pubertät sind. Sie tragen zu einer Beziehung bei, die auf Sicherheit und Vertrauen basiert. Doch ab Beginn der Pubertät führen Belehrungen, Kritik und Ermahnungen leider nur dazu, die Sicherheit und das Vertrauen zu schwächen, die in den ersten 12 bis 13 Jahren aufgebaut wurden.

Es gibt vermutlich nur eine von hundert Familien, in denen die Eltern von sich aus einen Rollenwechsel vornehmen, wenn ihr Kind in die Pubertät kommt. In den übrigen 99 Familien haben die Jugendlichen viel Arbeit damit, ihren Eltern klarzumachen, dass es an der Zeit ist, untereinander ein neues Verhältnis zu etablieren. Ihre Tochter mag zurzeit ziemlich unbarmherzig sein, doch wenn Sie zurückdenken, so bin ich sicher, dass Ihnen Gespräche und Konflikte einfallen, in denen sie Ihnen auf dezentere Art versucht hat, zu vermitteln, dass sie von Ihnen ernst genommen werden möchte. Damals haben Sie die Botschaft missverstanden oder nicht wahrgenommen, wofür Sie beide jetzt einen hohen Preis zahlen. Doch bleiben Sie ganz ruhig! Es ist nie zu spät.

Der kürzeste Weg, um eine Änderung in Ihrer Beziehung herbeizuführen, besteht darin, Ihrer Tochter Ihren und meinen Brief zu zeigen und sie um Hilfe zu bitten.

Sagen Sie einfach die Wahrheit über sich selbst: »Ich liebe dich, und ich möchte einen besseren Kontakt zu dir haben. Sag mir, was ich dafür tun und lassen muss.«

Vielleicht werden Sie erst einmal abgewiesen, doch wenn Sie Ihr eigenes Mundwerk eine Weile unter Kontrolle halten, wird sie beginnen, sich Ihnen anzunähern.

Aber, werden Sie jetzt womöglich einwenden, soll ich denn ihr Verhalten, das Schuleschwänzen oder die Lügen einfach ignorieren?

Nein, natürlich nicht. Aber Sie haben ihr ja bereits deutlich zu verstehen gegeben, was Sie von ihrer derzeitigen Lebensführung halten.

Sie haben mit ihr geschimpft, sie ermahnt und gebeten, damit aufzuhören. Sie haben vernünftige Dinge gesagt und ihr die Folgen ihres Verhaltens vor Augen geführt – und es hat nichts bewirkt. Deshalb kann es auch nichts bewirken, wenn Sie immer und immer wieder dasselbe sagen.

Auch wenn Sie im Moment nicht wissen, was Sie tun können und sollen, so können Sie zumindest so viel Selbstdisziplin aufbringen, mit etwas aufzuhören, das sich als nutzlos erwiesen hat.

Die Alternative besteht darin, mir Ihrer Tochter über ihr Leben zu sprechen, über ihre Gedanken, Träume, Ziele und Unsicherheit, aber dafür müssen Sie sich erst mal qualifizieren. Ihre Rolle als Mutter sowie ihre gemeinsame Geschichte qualifizieren Sie nicht automatisch von selbst. Sie müssen erst eine andere Art des Umgangs finden, zu der Ihre Tochter Vertrauen fasst.

Sie können natürlich auch das tun, was Teenagereltern von jeher getan haben (und immer noch tun), wenn sie sich hilflos und ohnmächtig vorkommen. Sie können sich entscheiden, Ihre Tochter als »unmöglich« einzustufen, können die nächsten fünf Jahre kämpfen und leiden und sich nachher damit rechtfertigen, dass Ihre Tochter eben extrem schwierig war. Damit sind Ihnen die Sympathie und das Mitleid vieler Erwachsener sicher, doch riskieren Sie damit, dass Sie beide einen schmerzhaft hohen Preis zahlen müssen.

Eine destruktive Trias

»

Ich bin ein verheirateter Vater von drei erwachsenen Söhnen. Der jüngste wohnt als einziges Kind nun wieder zu Hause, nachdem er drei Jahre lang im Nachbarort eine Schule besucht und dort auch eine Wohnung hatte. Er ist 19 Jahre alt und das Ein und Alles seiner Mutter. Auch ich habe ein sehr gutes Verhältnis zu ihm. Seit er 13 oder 14 war, haben wir eine Reihe von Diskussionen geführt, die ihm offenbar gut gefallen haben. Dabei ging es um Fragen, ob irgendwo im Kosmos Leben existiert, ob Dieselfahrzeuge besser sind als Benziner und Ähnliches. Natürlich hat es auch ernste persönliche Diskussionen gegeben, die sich zum Beispiel darum drehten, wie lange er am Wochenende fortbleiben darf, oder, wie jetzt, über seinen Führerschein und die Sicherheit im Straßenverkehr.
Sobald bei den Diskussionen zwischen meinem Sohn und mir die unterschiedlichen Standpunkte deutlich geworden waren, kam meine Frau hinzu und stellte sich auf die Seite unseres Sohnes. Nachdem dies mehrere Jahre so gelaufen war, haben wir uns darauf geeinigt, dass sie sich gar nicht mehr in unsere harmlosen Diskussionen einmischen soll. In wichtigen Fragen wollten wir uns zuvor absprechen, ehe wir mit unserem Sohn reden. Aber beides hat nie funktioniert. Sobald ich mit ihm diskutierte, mischte sie sich wieder ein, und wenn wir gemeinsam mit ihm zu diskutieren begannen, löste sich unser gemeinsamer

Standpunkt auf, und sie stand doch wieder auf seiner Seite mit dem Argument: »Man kann doch wohl seine Meinung ändern.« So eine Situation führte vor einiger Zeit zu einer ernsten Ehekrise. Als unser Sohn im Nachbarort wohnte, aber oft zu Hause war, kamen solche Konflikte nur sehr selten vor. Doch inzwischen erlebe ich wieder allzu oft diesen Kampf »zwei gegen einen«, was für mich sehr schwierig ist. Zwischen mir und meinem Sohn kommt es immer wieder zu spontanen Diskussionen. Die Reaktion meiner Frau lautet meistens: Falscher Ort, falsche Zeit, falsches Thema, falsche Wortwahl (ich kann ein wenig undiplomatisch sein). Nach einer wichtigen Diskussion kommt es auch vor, dass mein Sohn sich ungerecht behandelt fühlt und sauer ist. Meine Frau kann in solchen Situationen immer verstehen, wie er sich fühlt – und leidet dann mit ihm.
Sie liest ihm jeden Wunsch von den Lippen ab und findet stets einen Grund, ihn zu bemitleiden. Er lässt sich bedienen, denkt aber nicht an eine Gegenleistung. So stellt sich unsere Situation dar.
Ich sehe zwei mögliche Szenarien:
Unser Sohn zieht aus (muss er früher oder später ja sowieso), und meine Frau ist unglücklich, weil sie ihn nicht mehr jeden Tag sieht. Unsere Dreieckskonflikte haben sich erledigt.
Unser Sohn bleibt bei uns wohnen, meine Frau ist glücklich, und die ernsthaften »Zusammenstöße (circa dreimal im Jahr) setzen sich fort. Danach ist die Stimmung jedes Mal für lange Zeit im Keller – sowohl zwischen uns Ehepartnern als auch bei meinem Sohn, der durchaus bis zu drei Wochen lang beleidigt sein kann. Meinetwegen kann unser Sohn noch jahrelang bei uns wohnen bleiben, doch nicht unter den gegenwärtigen Bedingungen.
Haben Sie eine Alternative zu seinem Auszug, den meine Frau nicht wünscht?

Ein ratloser Teenagerpapa

Antwort von Jesper Juul:

Ich verstehe Ihren Schmerz darüber, dass Ihre Frau Ihren gemeinsamen Sohn bei jeder Gelegenheit bevorzugt, doch vermute ich, dass dem etwas anderes zugrunde liegt, als Sie glauben. Ich kann mich natürlich irren, doch meine ich herauszuhören, dass Sie ein »typischer Mann« sind, indem Sie sehr konkret denken und reden und zu der Ansicht neigen, es gäbe nur eine Wahrheit. Das kann bedeuten, dass Sie oft so sehr auf den Inhalt der Diskussionen fixiert sind, dass Sie die »Begleitmusik« und damit die Folgen für den Gesprächspartner und Ihre Beziehung zu ihm vergessen.

Falls dies zutrifft, existiert ein wichtiger ungeklärter Konflikt zwischen Ihnen und Ihrer Frau, und Ihre Frau missbraucht gewissermaßen Ihren Sohn, um diesen Konflikt zum Vorschein zu bringen. Zu Beginn Ihrer Ehe hat sie vermutlich des Öfteren versucht, Sie darauf aufmerksam zu machen, doch irgendwann hat sie resigniert und es aufgegeben, über ihren eigenen Schmerz zu sprechen. Stattdessen spricht sie nun über den Schmerz Ihres Sohnes, womit sie die Situation für alle drei beteiligten Personen verschlimmert. Das führt dazu, dass ihre eigene Einsamkeit sowohl Sie als auch Ihren Sohn »ansteckt«. Das ist weder historisch noch aktuell Ihre »Schuld«, doch tragen Sie und Ihre Frau die Verantwortung dafür.

Eine Liebesbeziehung zwischen zwei Erwachsenen kann dazu führen, dass die »negativen« Seiten beider Partner sich verstärken, verschwinden oder unverändert bleiben. Ich vermute, dass die typisch weiblichen Seiten Ihrer Frau und Ihre typisch männlichen Seiten nicht Nähe geschaffen, sondern den Abstand zwischen Ihnen vergrößert haben, und dafür sind Sie beide gleichermaßen verantwortlich. So wie die Dinge derzeit liegen, haben Sie die Rolle des »bad guy« inne, und Ihre Frau (über)lebt in ihrer privilegierten Rolle als fürsorgliche Sanitäterin der Familie, was eine unhaltbare Situation ist – vor allem für Ihren Sohn, der sich inmitten eines Konflikts befindet, mit dem er eigentlich nichts zu tun hat.

Die meisten Eltern sind in etwa 15 bis 20 Jahre zusammen, wenn ihre Kinder aus der Pubertät kommen. Dabei machen sie verschiedene Entwicklungen und Krisen durch. Die Entwicklung, in der die Familie sich wieder auf zwei Erwachsene reduziert, ist in emotionaler Hinsicht nicht immer einfach. Für manche Eltern ist es schwierig, den Raum zu füllen, den vorher die Kinder besetzt haben. Für andere ist es eine große Entlastung, jetzt mehr Zeit für sich selbst zu haben. Manches deutet darauf hin, dass Sie in den letzten Jahren viele Konflikte, die Ihre Beziehung als Paar betreffen, übersehen oder unterdrückt haben. Wir Männer sind oft genügsamer als die Frauen und eher dazu bereit, Schmerz und Einsamkeit zu verdrängen.

Es gilt also, sich als Paar auseinanderzusetzen und die Beziehung eventuell neu zu definieren.

Als begleitende Maßnahme schlage ich vor, dass Sie ein paar Gespräche mit Ihrem Sohn darüber führen, wie er Ihre wechselseitige Beziehung empfindet (ohne diese mit der Beziehung zu seiner Mutter zu vergleichen). Warten Sie ab, bis Sie beide unter sich sind, und sagen Sie etwa Folgendes: »Es tut mir leid, dass du so oft zwischen mich und deine Mutter gerätst. Deshalb ist es wichtig für mich zu hören, wie du unsere Beziehung wahrnimmst. Ich würde gerne von dir hören, was du an mir als Vater am besten findest und was meine drei schlechtesten Eigenschaften sind.«

Lassen Sie ihm genug Zeit, um eine Antwort zu finden, und wiederholen Sie das Gespräch ruhig ein paarmal. Vielleicht kann Ihnen Ihr Sohn etwas Wichtiges über sich selbst beibringen, das Ihre Frau Ihnen nicht auf konstruktive Weise vermitteln konnte.

Wenn Sie jetzt beim Lesen den Eindruck gewinnen, mit Ihnen sei »etwas nicht in Ordnung« – dann lesen Sie alles noch einmal! Im Moment können Sie mit Ihrem Schmerz verantwortlicher umgehen als Ihre Frau, doch gibt es sicher auch Phasen in Ihrem Leben, in denen das Gegenteil zutrifft.

Undank ist der Welt Lohn

"

Ich bin Mutter eines 21-jährigen Sohnes, der in den letzten Jahren Schwierigkeiten hatte, den Anforderungen des Lebens gewachsen zu sein. Als Baby hatte er Koliken und hat viel geschrien. Als er älter wurde, war er sehr aktiv und hatte ein ausgeprägtes Temperament, war zugleich aber sehr empfindsam. In der Grundschule hatten wir den Verdacht, dass er gemobbt wird, doch wollte er sich nicht dazu äußern. Mein Sohn war der Kleinste in der Klasse, und ich habe beobachtet, wie ein anderer Junge ständig Bemerkungen darüber machte. Einmal, als mein Sohn Geburtstag hatte, hat er alle Jungen aus seiner Klasse eingeladen, auch denjenigen, der ihn gemobbt hat. In diesem Zusammenhang habe ich mitbekommen, dass der Mobber mit den anderen Kindern eine Aktivität vereinbarte, an der mein Sohn aber nicht teilnehmen sollte. Mein Sohn wurde traurig, ging auf sein Zimmer und weinte. Ich habe versucht, mit seiner Lehrerin darüber zu sprechen, aber die glaubte mir nicht richtig und sah auch keinen Anlass, mit der Mutter des Mobbers zu sprechen, damit diese sich nicht unnötig Sorgen mache. Da auch mein Sohn von der Geschichte nichts wissen wollte, gab ich schließlich auf.
Bis zum Alter von 18 Jahren hat er in einer Fußballmannschaft gespielt. Seine Leistungen waren gut, doch hatte er wohl in den letzten Jahren Schwierigkeiten, richtig in die Gruppe integriert zu werden.

Bis zum letzten Jahr vorm Abitur war er ein guter Schüler, dann ging es mit seinen Noten bergab. Er wurde passiv, hatte kaum soziale Kontakte, verlor jegliche Motivation und beschäftigte sich fast nur noch mit Computerspielen. Dann kam die Militärzeit – er wollte auf die Unteroffiziersschule gehen. Da er zunächst eine Absage erhielt, hat sein Vater dort angerufen und erreicht, dass er doch noch angenommen wurde. Aber nach einem Monat fand er heraus, dass es dort nicht das Richtige für ihn war. Er kümmerte sich selbst darum, dass er seinen normalen Militärdienst ableisten konnte, was gut funktionierte. Dort war er gezwungen, Verantwortung zu übernehmen, und fühlte sich in diesem Milieu wohl.
Aber dann kam er wieder nach Hause und sagte, er wolle sich ein Jahr freinehmen, um sich ein paar zusätzliche Qualifikationen zu erwerben. Wir bezahlten mehrere Tausend Euro, damit er zu diesem Zweck eine Privatschule besuchen konnte. Wir hatten natürlich gehofft, dass er es ernst meinte und später auch etwas damit anfangen könnte. Aber das freie Jahr verlief ganz anders, als wir uns das vorgestellt hatten. Er tat fast nichts dafür, um später einen Job zu bekommen. Wenn wir ihm passende Annoncen zeigten, die wir im Internet gesehen hatten, dann bewarb er sich dort pflichtschuldig. Ob er je eine Antwort auf diese Bewerbungen bekommen hat, weiß ich nicht.
In diesem Jahr spielte er in seiner Freizeit fast nur noch Computerspiele mit Leuten auf der ganzen Welt, meist bis tief in die Nacht. Am Morgen schlief er dann lange und lief anschließend den ganzen Tag im Bademantel herum. Er machte die Nacht zum Tage und den Tag zur Nacht. Wir mussten mit ansehen, dass er spielsüchtig wurde. Wenn wir mit ihm darüber geredet haben, wurde es für kurze Zeit besser, eher er wieder in den alten Trott verfiel.
Obwohl mein Mann und ich beide gearbeitet haben, hat er zu Hause kein bisschen geholfen. Wenn ich nach Hause kam, musste ich erst mal den Frühstückstisch abräumen, dann Essen machen oder Wäsche waschen. Er beklagte sich oft, dass ihm das Essen nicht schmecken würde, dass ich falsch eingekauft hätte und seinen kleinen Geschwis-

tern keine Grenzen setzen würde. Wenn ich ihm antwortete, er könne doch selbst einkaufen gehen, lächelte er nur und verließ den Raum. Ich kaufte ihm sogar neue Kleider oder vereinbarte für ihn Zahnarzttermine. Bevor er auf der weiterführenden Schule begann, hatte er einen Sommerjob. In dieser Zeit wurde seine Laune erheblich besser. Auf der weiterführenden Schule hat er dann schwere naturwissenschaftliche Fächer belegt und wollte auf einer Hochschule in einer anderen Stadt studieren. Dort musste er sich zunächst für ein anderes Fach einschreiben, um überhaupt beginnen zu können, konnte dann jedoch wechseln. Ich habe damals eine Anzeige in die Zeitung gesetzt, damit er eine Wohnung bekam. Mein Mann und ich bezahlten Miete und Telefon. Der Beginn des Studiums war hart, weil seine Vorkenntnisse sehr lückenhaft waren. Nach ungefähr drei Monaten hörte er auf und kehrte nach Hause zurück.

Wir Eltern haben inzwischen all unsere Energie verloren, sind ratlos und verzweifelt. Was haben wir nur falsch gemacht? Ist unsere Unterstützung in all den Jahren vergeblich gewesen? Wir haben stets unsere eigenen Bedürfnisse zurückgestellt, damit unsere Kinder es einmal besser haben, als wir es hatten. Unser Sohn durfte immer das machen, was er wollte. Wir haben ihn stets ökonomisch unterstützt, ihm geholfen und ihm viel Liebe und Fürsorge zukommen lassen.

Wie sollen wir unseren Sohn jetzt stützen, damit er in die richtige Spur kommt? Er hat kaum Freunde, geht fast nie aus. Zumindest raucht und trinkt er nicht. Er hat auch schon seit längerer Zeit keine Computerspiele mehr gespielt und mir gesagt, er wolle sich auch keinen neuen, besseren Computer anschaffen, damit er nicht wieder zu spielen anfängt. Dennoch verbringt er viel Zeit damit, sich Musikvideos und Ähnliches anzusehen. Was mich erschreckt, ist die Tatsache, dass er viele Berufe im Fernsehen spannender findet als in Wirklichkeit, und dass er meint, alles müsse wahnsinnig viel Spaß machen und hochinteressant sein. Wenn er nur wollte, hätte er alle Möglichkeiten, es im Leben zu etwas zu bringen. Er kann sehr wortgewandt sein, hat seine Begabungen, aber nie gelernt, Widerstände zu überwinden. Wenn er

keine Arbeit hat, dann lernt er auch nicht, sich gegen andere Meinungen durchzusetzen. Wir haben jedoch viel Mühe damit, ihn dazu zu bewegen, überhaupt nach einer freien Stelle zu suchen. Wie können wir ihn dazu bringen, seine Haltung zu ändern? Warum will er nicht mit anderen jungen Leuten ausgehen? Könnte das auch daran liegen, dass er keine Großeltern und nur wenig Kontakt zu anderen Familienmitgliedern hat? Oder hängt es mit meiner schwierigen Kindheit zusammen? (Meine Eltern waren psychisch belastet und die Bedingungen, unter denen ich aufgewachsen bin, äußerst problematisch, aber davon habe ich meine Kinder immer bewusst ferngehalten.)
Irgendwie müssen wir doch einen Weg finden, der in die Zukunft weist – doch wie soll dieser Weg aussehen?

Eine ausgebrannte und verzweifelte Mutter, die immer nur versucht hat, ihr Bestes zu geben.

Antwort von Jesper Juul:

Ihre Schilderung ist ebenso präzise wie differenziert und enthält eigentlich schon die Antwort auf Ihre Fragen. Doch kann ich mich gern im Zusammenhang dazu äußern. Lassen Sie mich zunächst sagen, dass ich selten eine lebendigere Beschreibung eines jungen Menschen ohne Lebenskompetenz – oder mit allzu geringer Erfahrung, um die vielfältigen Herausforderungen des Lebens zu meistern – gelesen habe.

Er ist leider einer von vielen, der sich am Ende seiner Teenagerjahre in fast allen Bereichen des Lebens als hilflos erweist. Doch im Gegensatz zu vielen anderen hat er keine klinische Depression entwickelt, keinen Selbstmordversuch unternommen, sich selbstständig aus der ersten Abhängigkeit seines Lebens (Computerspiele) befreit und kann immer noch von einer lohnenswerten Zukunft träumen. Die Ursachen seiner fehlenden Kompetenz sind jedoch nicht in all den Dingen zu suchen, die Sie beschrieben haben. Sie haben seine Entwicklung vielleicht am Rande beeinflusst, doch die Hauptrolle haben leider seine Eltern gespielt.

Einfach und brutal ausgedrückt, wurde er von der ewigen Liebe, Fürsorge, Unterstützung und Hilfsbereitschaft seiner Eltern erstickt.

Das wird sich auch nicht ändern, bis Sie und Ihr Mann den Tatsachen ins Auge sehen und bereit sind, Ihre Haltung Ihrem Sohn gegenüber zu korrigieren.

Es ist sowohl ironisch als auch paradox und tragisch, dass wir als Eltern so oft darauf aus sind, dass unsere Kinder es einmal besser haben sollen, als wir es hatten, und letztlich gerade dadurch ihre Entwicklung behindern und erschweren. Ihr Sohn hat versucht, Ihnen dies zu vermitteln, zum Beispiel als er leugnete, ein Mobbingopfer zu sein. Das war seine Art zu sagen: »Ich komme schon allein klar, Mama!« Doch ist es ihm nie gelungen, seinen Eltern effektive Grenzen zu setzen. Stattdessen ist er taub geworden. Wäre er dazu in der Lage gewesen, dann hätte er seinem Vater gesagt, dass er bei der Bewerbung für die Unteroffiziersschule keine Hilfe haben will. Stattdessen nahm er die Hilfe an und ging kurz darauf von der Schule ab.

Die Lösung besteht nicht darin, dass Sie sich jetzt vollkommen anders verhalten, als Sie es bisher getan haben – im Sinne einer Strategie, Ihren Sohn und seine Einstellung zu ändern. Die Lösung sieht vielmehr so aus, dass Sie und Ihr Mann Ihren Brief und meine Antwort zum Anlass nehmen, um ein paar eingehende Gespräche miteinander zu führen.

Wenn das, was ich geschrieben habe, für Sie einen Sinn ergibt – und Sie dies tief in Ihrem Bauch spüren –, dann ist die Zeit reif für ein ernstes Gespräch mit Ihrem Sohn. Ein Gespräch, in dem Sie die Karten auf den Tisch legen und die Verantwortung für die Fehler übernehmen, die Sie gemacht haben. Das schließt auch die Verantwortung mit ein, sie nicht noch einmal zu machen!

Die Botschaft ist einfach, doch sie kann einem das Herz aus dem Leib reißen: »Wir lieben dich über alles in der Welt, doch von nun an werden wir das auf eine andere Weise zeigen. Du bist frei, dein Leben nach deinen eigenen Vorstellungen und Zielen zu führen. Wir wollen dich nicht mehr beschützen oder bedienen und all das tun, was so schwer für dich ist. Du bist als Teil unserer familiären Gemeinschaft willkommen, aber wir wollen deine Bedürfnisse nicht mehr unseren eigenen überordnen, und wir wollen, dass du dich am täglichen Familienleben beteiligst. Du bist frei, dein Leben so zu führen, wie du es willst, aber du musst es selbst finanzieren.«

Sie müssen, mit anderen Worten, die Verantwortung für sich selbst übernehmen – für Ihre Bedürfnisse, Werte, Grenzen und Irrtümer –, bevor Sie erwarten können, dass Ihr Sohn die Verantwortung für sein eigenes Leben übernimmt. So einfach und so grausam ist das. Und es tut mir in der Seele weh, das zu schreiben, weil ich weiß, wie viel Liebe Sie beide investiert haben und wie schwierig es ist, die Art, in der wir unsere Liebe zum Ausdruck bringen, in der Praxis zu ändern. Ich hoffe, dass es Ihnen gelingt – auch wegen Ihrer jüngeren Kinder, denen Sie – welche Ironie! – Ihrem Sohn zufolge nicht genug Grenzen setzen.

Es dauerte eine Zeit, bis ich erneut einen Brief der Eltern erhielt, den ich Ihnen nicht vorenthalten möchte. Die beiden schrieben mir:

“

Vielen Dank für Ihre konstruktive und rasche Antwort! Wir haben jetzt das erste Gespräch mit unserem Sohn geführt, was sehr schwierig war. Es war wirklich ein Kampf zwischen den Gefühlen und der Vernunft – in solchen Zusammenhängen neigt man dazu, sich vor allem

nach den Gefühlen zu richten, weil das am leichtesten zu sein scheint. Deshalb musste vor allem ich (für meinen Mann war es leichter) all meine Energie und Konzentration darauf richten, was die Vernunft mir sagte. Der Beginn des Gesprächs verlief anders, als ich erwartet hatte. Das Erste, was mein Sohn entgegnete, war: »Das wurde auch Zeit!« Er wusste, dass wir zu wenig Forderungen an ihn gestellt haben und dass es wichtig ist, etwas zum Familienleben beizutragen. Doch als die Forderungen ausblieben, habe er das als Erlaubnis aufgefasst, einfach so weiterzumachen, und so sei alles aus dem Ruder gelaufen.
Es sei ihm schwergefallen, sich selbst Grenzen zu setzen und seinem Leben eine gewisse Struktur zu geben, wenn wir das nicht taten. Er sagte geradeheraus, dass wir einfach zu nett gewesen wären. Ich habe ihm darauf entgegnet, dass es mir ebenfalls schwergefallen sei, Grenzen zu setzen. Dabei wollte ich unbedingt, dass es ihm besser geht als mir in meiner eigenen Kindheit. Er meinte, dass es gar nicht so schwierig sein sollte, Grenzen zu setzen oder Forderungen zu stellen. Das hat uns wirklich die Augen geöffnet. Es ist doch wie mit Verkehrsregeln. Wenn niemand bestimmt, wie schnell man fahren darf, würde vermutlich jeder so schnell fahren, wie er will, ohne viel Rücksicht auf andere zu nehmen. So sind wir Menschen wohl konstruiert. Unser Sohn erzählte auch, dass er sich bei seinen Entscheidungen die Ausbildung betreffend stets nach unseren Wünschen gerichtet hätte. Er selbst habe gar nicht gewusst, was er eigentlich will. Er habe sich auch nur deshalb entschieden, auf der Technischen Universität zu beginnen, um Ingenieur zu werden, weil auch sein Vater Ingenieur ist.
Diese Aussage hat uns überrascht, aber dann sahen wir ein, dass er recht hatte. Wir hatten uns so fest eingeredet, dies sei das Richtige für ihn, dass wir davon überzeugt waren, dass er selbst diesen Wunsch hegen würde. Wir vermittelten ihm, dass er wirklich werden könne, was er selbst werden wolle, und dass wir ihn noch genauso lieben würden, wenn er nicht studieren, sondern gleich arbeiten wolle.
Er entgegnete, er hätte sich bereits entschieden, er wolle Psychologe werden! Wir wussten, dass er sich früher schon einmal mit diesem

Gedanken beschäftigt hatte, hatten dies jedoch nicht sonderlich ernst genommen – das war eigentlich nicht das, was wir uns für ihn vorgestellt hatten. Doch jetzt erzählte er uns, dies sei eine selbstständige Wahl, die auf seinem wirklichen Interesse basiere. Das erscheint uns fast wie ein Paradox! Auf der einen Seite hat er eine Familie, die so wenig Forderungen an ihn gestellt hat, dass er den Herausforderungen des Lebens schlichtweg nicht gewachsen war; auf der anderen Seite will unser Sohn die psychischen Mechanismen erforschen, die diesen Vorgängen zugrunde liegen, sodass er zu einer größeren Lebensqualität finden kann. Ich weiß nicht, ob ich lachen oder weinen soll. Wir haben unseren Sohn nicht als das gesehen, was er ist, ein selbstständiges Individuum. Wir haben ihn eher als unseren Klon betrachtet.

Sie haben uns wirklich einen sehr guten Rat gegeben. In unserem Gespräch haben wir ihn beherzigt. Wenn er weiter zu Hause wohnen wolle, sagten wir ihm, dann müsse er etwas zur Familie beitragen und sein Leben selbst finanzieren. Wir würden nichts mehr für ihn bezahlen. Er entgegnete, das sei in Ordnung. Er fand diese neue Ordnung gerecht. Wie seltsam, dass es so schwierig ist, das Richtige zu tun.

Mag sein, dass es das Erbe unserer persönlichen Vergangenheit ist, das die Bedingungen für unser Leben und das Leben unserer Kinder bestimmt. Ich weiß, dass es mir als Mutter besonders schwerfallen wird, Forderungen zu stellen – aber ich arbeite daran. Wir haben vereinbart, dass wir einmal im Monat ein solches Gespräch führen wollen, um zu sehen, was wir bisher erreicht haben und wie es uns dabei geht. Das Gespräch war für ihn und mich als seine Mutter schmerzhaft und wohltuend zugleich. Ich fragte ihn, ob es etwas gäbe, das er im Leben sehr schwierig fände. Er bejahte, wollte aber nicht näher darauf eingehen. Das müssen wir wohl einfach akzeptieren. Aber natürlich haben wir ihm vermittelt, dass wir für ihn da sind, wenn er das will. Das ist gewissermaßen alles, was wir ihm anbieten können.

Hoffentlich bleiben wir auf dem richtigen Weg!

”

Authentizität

… oder die Fähigkeit, die Person zu sein,
die man wirklich ist, um auch andere
in ihrer Einmaligkeit wahrnehmen zu können

Echt und wahrhaftig sein

Die wirkungsvollste Alternative zu Lob und Tadel in der Familie ist die echte, persönliche Rückmeldung, »Das gefällt mir, das gefällt mir nicht«, »Das mag ich, das mag ich nicht«. Handeln wir authentisch, fühlt sich das für uns selbst und unsere Kinder ganz anders an, als wenn wir Rollen spielen, zum Beispiel die des verständnisvollen Vaters oder die der konsequenten Mutter. Es reicht völlig aus, wenn wir so sind, wie wir sind, denn damit haben wir meiner Meinung nach schon genug zu tun.

Sind wir wirklich »echt« in unseren Reaktionen und Handlungen, ist das nicht nur für uns selbst viel gesünder, sondern wir stellen gleichzeitig hervorragende Rollenmodelle für unsere Kinder dar. Denn die wesentliche Botschaft lautet: »Es ist bei uns in Ordnung, so zu sein, wie man ist.« So können wir auch echte Sparringspartner für unsere Kinder sein, weil wir uns selbst treu bleiben und uns gleichzeitig darüber bewusst sind, dass alle Menschen die Wirklichkeit unterschiedlich wahrnehmen. Unser Kind hat in einer bestimmten Situation vielleicht ein subjektives Empfinden, das dem unseren völlig zuwiderläuft. Statt das des Kindes abzuwerten, ist es wichtig, es als gleichwürdig anzuerkennen. Denn Kinder können sich nur dann gesund entwickeln, wenn sie sich nicht durch das Verhalten des anderen dumm oder schuldig fühlen oder glauben, ihr Empfinden sei falsch und es sei mit ihnen etwas nicht in Ordnung.

Die Forderung nach Authentizität in familiären Beziehungen bedeutet einen qualitativen Quantensprung, der viele Eltern in den letzten zwanzig Jahren zu Recht verunsicherte. Schließlich wuchsen sie selbst in Familien auf, in denen alles andere als Authentizität gefragt war, und so gibt es kaum Geeignetes aus der Vergangenheit, auf das sie zurückgreifen könnten. In meinen Beratungen stelle ich immer wieder fest, dass wir alle gezwungen sind, neue Wege zu finden, um die so wichtige Führungsaufgabe für unsere Kinder wahrnehmen zu können.

Noch vor einer Generation existierte ein schädlicher Konsens, dass Kinder nicht ungefragt sagen dürfen, was sie haben wollen. Das Verbot bezog sich vom Wunsch nach speziellen Speisen oder einem Spielzeug bis hin zum Wunsch, gehört oder ernst genommen zu werden – das galt in Familien wie in pädagogischen Institutionen. Authentizität hat keinen Platz in einer Gehorsamskultur, in der die Erwachsenen behaupten, zu wissen, was ihre Kinder brauchen, ihre Autorität ausspielen und sich hinter einer pädagogischen Maske verstecken. Masken machen uns unerreichbar für andere, sodass sie unsere echte, persönliche Nähe nicht spüren können.

Um unsere alten Rollen oder Masken abgeben zu können, sollten wir uns selbst zuhören, wie oft wir automatisch lehrreiche, besserwisserische oder auch hilfsbereite Kommentare von uns geben. Wie vieles davon sind wirklich die persönlichen Erfahrungen, wie viel kommt noch aus der eigenen Kindheit? Wie viel sagen wir nur, um mit dem Partner »an einem Strang zu ziehen«, wie oft wiederholen wir unreflektiert etwas, das wir in einem schlauen Artikel gelesen haben? Erklären wir unseren Kindern in erster Linie, wie sie sein sollten, und haben wir überhaupt eine Ahnung, wer sie eigentlich sind?

»Wir werden als Originale geboren und sterben als Kopie«, sagte der Philosoph Max Stirner (1806–1856). Bei Authentizität geht es darum, zur eigenen Kraft zu stehen und zu kommen. Zur eigenen Kraft kommen wir, wenn wir zu dem Menschen werden dürfen, der wir wirklich sind. Das bedeutet, dass wir versuchen, die eigene Persönlichkeit jeden Tag aufs Neue zu vertreten und die unserer Kinder mit aller Liebe und Wohlwollen zu entdecken und zu akzeptieren.

Erst drei Jahre alt und tief verzweifelt

»

Wir haben einen 3-jährigen Sohn, der im letzten Jahr viele große Veränderungen in seinem Leben erfahren hat, und jetzt könnte ich ein bisschen Hilfe und einen guten Rat gebrauchen, wie ich mit der ganzen Situation umgehen soll. Wir wohnen im Ausland und haben, was die Betreuung der Kinder angeht, keinerlei Entlastung. Mein Mann hat einen Job, der kürzere und längere Dienstreisen erfordert – ein Umstand, der dazu geführt hat, dass mein Sohn sehr abhängig von mir geworden ist und Angst hat, mich zu verlieren.
Das Hauptproblem besteht darin, dass mein Mann gerade eine Dienstreise angetreten hat und über vier Monate fort sein wird. Also bin ich in dieser Zeit ganz allein für meinen Sohn und seinen kleinen Bruder, der vor einem halben Jahr geboren wurde, verantwortlich. Bereits kurz nach der Geburt unseres Kleinen musste mein Mann für ein paar Wochen geschäftlich fort. So hat mein 3-Jähriger erst kürzlich zwei Traumata zur gleichen Zeit erlebt: »Mama hat keine Zeit für mich, und Papa hat mich verlassen.«
Seitdem er mitbekommen hat, dass sein Vater abermals auf Dienstreise geht, ist er sehr aggressiv geworden. Er schlägt und tritt um sich, schreit und flucht ständig. Es vergeht kein Tag, an dem wir nicht mindestens vier Mal miteinander in Streit geraten. Zu seinem kleinen Bruder ist er sehr lieb, doch im Umgang mit anderen Kindern und

Erwachsenen ist er viel aggressiver als früher. Im Grunde weist er alles zurück, was ich sage, will aber permanent Aufmerksamkeit haben. Ich versuche, sein negatives Verhalten zu ignorieren und mich nur auf das positive zu konzentrieren, doch scheint er vor allem für seine Fehler Aufmerksamkeit bekommen zu wollen, nicht für die guten Dinge.
Weil ich so viel um die Ohren habe, reicht die Zeit meistens hinten und vorne nicht, und wenn ich mich endlich mit ihm beschäftigen kann, will er nicht mit mir spielen.
Ich weiß wirklich nicht, was ich tun soll, um seinen Kummer zu lindern. Er spricht nicht besonders gut, weil er von so vielen verschiedenen Sprachen umgeben ist, doch er weiß, dass ich alles verstehe, was er sagt. Wie soll ich es anstellen, um sein oder mein Verhalten zu ändern, sodass ich mit ihm wieder eine schöne Zeit verbringen kann, wie es früher der Fall war?
Gibt es irgendeine Möglichkeit, wie ich mich aus dieser Situation befreien kann, ohne ihm noch größeren Schmerz – eventuell sogar ein Langzeittrauma – zuzufügen?

Eine unglückliche und verzweifelte Mutter

Antwort von Jesper Juul:

Lassen Sie mich zunächst sagen, dass keine unmittelbare Gefahr besteht, Ihr Sohn könne ein Langzeittrauma davontragen. Das wäre nur dann der Fall, wenn Sie ihn für sein derzeitiges Verhalten bestrafen oder von ihm verlangen würden, dass er zu allem gute Miene macht. Denn damit nähmen Sie ihm das Recht, seine wahren Gefühle zu zeigen. Hingegen sind hier andere wichtige Dinge im Spiel, die von Ihnen vielleicht mehr überschüssige Energie erfordern, als Sie zurzeit aufbringen können. Ich vermute, Sie sind sich seit Langem im Klaren darüber, dass der Job Ihres Mannes zahlreiche Dienstreisen, womöglich auch Umzüge und so weiter erfordert. Ich vermute auch, dass Sie nicht besonders tief in sich gehen müssen, um ein Echo von Gefühlen wie Trauer, Verrat, Einsamkeit und Zorn zu finden – Gefühle, die von Ihrer Vernunft, Ihrer Liebe und Ihrem Intellekt gedämpft oder die meiste Zeit überdeckt werden. Hinzu kommt, dass Sie selbstständig und stark und es gewohnt sind, allein zurechtzukommen.

Auch Ihr Sohn empfindet all diese Gefühle, doch kann er sich nicht mit Intellekt, Stärke oder rationaler Vernunft behelfen. Er trägt so viel Trauer und Zorn in sich, dass er nicht weiß, wie er damit umgehen soll. Zugleich muss er mit der Tatsache zurechtkommen, dass er teilweise elternlos ist, denn er hat momentan nur Sie, und Sie stehen ihm derzeit allenfalls mit halber Kraft zur Verfügung.

Er muss mit dieser Gegebenheit leben, genau wie Sie sich auf Ihre Rolle als alleinerziehende Mutter einstellen müssen und neuerdings auch darauf, als Zielscheibe für Gefühle herzuhalten, die eigentlich an seinen Vater adressiert sind. Dies stellt Ihre Familie vor eine Reihe großer Herausforderungen. Die beiden wichtigsten betreffen Ihre Fürsorge für ihn und somit Ihre wechselseitige Beziehung sowie die Beziehung Ihres Sohnes zu seinem Vater.

Ihre Fürsorge umfasst zwei Qualitäten, die er gerade jetzt dringend braucht: Ihre Ehrlichkeit und Authentizität sowie Ihre Bereitschaft, das einzige Verhalten willkommen zu heißen, das ihm möglich ist, um seine Gefühle zum Ausdruck zu bringen.

Sie müssen seinen Zorn und seine Trauer anerkennen, bestätigen und entgegennehmen.

Zugleich müssen Sie hin und wieder zum Ausdruck bringen, wie schwer es für Sie ist, ohne Ihren Mann auskommen zu müssen, zum Beispiel in welcher Hinsicht Sie ihn am meisten vermissen – ohne dabei Ihren Sohn mit Details zu belasten oder als Seelentröster wahrzunehmen. Aussagen über Ihr Gefühlsleben sind jedoch wichtig, denn wenn Sie ihm vorspielen, dass Sie Ihre Lebenssituation wunderbar finden oder alles im Griff haben, irritiert ihn dieses Verhalten nur. Er spürt ohnehin, dass das nicht stimmt, und Sie würden dadurch den Kontakt zu ihm verlieren.

Sie können Ihrem Sohn auch gern erklären, dass sich die Reisen seines Vater nicht *gegen* ihn richten, sondern in seinem eigenen Interesse und im Interesse seiner Arbeit stattfinden. Doch sollten Sie die Erklärungen nicht damit »zuckern«, Ihren Sohn zu Verständnis und Rücksichtnahme aufzufordern; das würde ihm nur das Gefühl vermitteln, illoyal oder lieblos zu sein, wenn er Wut verspürt.

Sie schreiben: »Im Grunde weist er alles zurück, was ich sage, will aber permanent Aufmerksamkeit haben. Ich versuche, sein negatives Verhalten zu ignorieren und mich nur auf das positive zu konzentrieren, doch scheint er vor allem für seine Fehler Aufmerksamkeit bekommen zu wollen, nicht für die guten Dinge.«

Dies ist ein bedeutsames Missverständnis, denn sein Verhalten ist weder negativ noch positiv. Es ist der ihm einzig mögliche Ausdruck für das emotionale Chaos in seinem Innern. Seine Gefühle sind ebenso gesund wie wohlbegründet, und er würde ein weitaus größeres Risiko eingehen, wenn er seinen Zorn und seine Trauer nach innen kehrte und sich nach außen hin nichts anmerken ließe.

Er sucht also nicht Ihre negative Aufmerksamkeit seinem Verhalten gegenüber, sondern Ihre konstruktive Aufmerksamkeit hinsichtlich seiner wahren Gefühle. Kinder suchen nur dann die negative Aufmerksamkeit der Erwachsenen, wenn sie selbst erlebt haben, dass sie keine andere Aufmerksamkeit bekommen können, weil die Erwachsenen nur auf ihr Verhalten, nicht auf ihre Existenz reagieren.

Und was noch wichtiger ist: Die Alternative zu negativer Aufmerksamkeit besteht nicht in »positiver« Aufmerksamkeit, zum Beispiel in Form von Lob, sondern darin, gesehen, gehört und ernst genommen zu werden. Ihr Sohn befindet sich in einer Krise und braucht Zuwendung – keine Erziehung.

Stellen Sie sich einmal vor, sie säßen mit Ihrer Mutter oder einer guten Freundin beisammen und würden ihr Ihr Leid über die Abwesenheit Ihres Partners klagen, und als Reaktion bekämen Sie nichts anderes zu hören, als dass Sie sich zusammennehmen und vernünftig sein sollen; Sie hätten ihn ja schließlich freiwillig geheiratet. Selbst die nüchternsten und besonnensten Erwachsenen würden dies als Abweisung empfinden. Ihr Mann hat zu einem für seine Familie sehr kritischen Zeitpunkt eine Reise angetreten, deren Dauer für seinen 3-jährigen Sohn, der ihn dringend braucht, nicht überschaubar ist. Das ist eine Feststellung, kein Vorwurf!

Es hat sich herausgestellt, dass die Beziehung Ihres Sohnes zu seinem Vater bedeutungsvoller ist, als Sie alle geglaubt haben.

Das Vertrauen in seinen Vater ist somit auf eine vielleicht entscheidende Probe gestellt.

Daher ist es äußerst wichtig, dass Sie mit Ihrem Mann darüber reden und dafür sorgen, dass Vater und Sohn sich so häufig wie möglich am Telefon sprechen können – am besten über das Internet einschließlich einer Webkamera, falls das möglich ist. Wenn Ihr Mann wieder nach Hause kommt, darf er nicht so tun, als sei alles in Ordnung, nur weil er zurückgekehrt ist. Er muss für seinen »Verrat« die Verantwortung übernehmen und sollte, sofern dies möglich ist, mindestens zehn Monate warten, ehe er wieder eine Reise antritt, die länger als ein paar Tage dauert.

Lässt sich dies nicht verwirklichen, geraten Sie alle in ein schmerzliches Dilemma, aus dem es keinen Ausweg gibt. Sie können versuchen, »damit zu leben«, wie man sagt, aber denken Sie daran, dass dies auch bedeutet, »sich lebendig dazu zu verhalten« – die Familie muss sich also auf viele wechselnde Emotionen einstellen, die auf verschiedene Weise zum Ausdruck kommen werden. Das Leben in einer solchen Familie ist emotional sehr anstrengend, einen Schaden nimmt jedoch niemand davon.

Die Geschenke des Kindes

»

Ich schreibe Ihnen, weil ich es an der Zeit finde, den Blick auf den Zusammenhang von Psychiatrie und Kindern zu richten. Darauf, wie Erwachsene ein Kind auf eine ungesunde Art und Weise »formen«, weil sie sich über ihr eigenes Leben nicht im Klaren sind. Es ist an der Zeit, dass sich Eltern für ihre Gedanken, Taten und Handlungsmuster verantwortlich erklären und bei Entscheidungen der wahren Stimme ihres Herzens folgen. Das ist das größte Geschenk, das wir unseren Kindern für alle Zeit machen können.

Früher habe ich Ihnen schon mal über meinen 13-jährigen Sohn geschrieben, der das Asperger-Syndrom/ADHS hat, und auch darüber, was wir Erwachsene besonders von Kindern mit dieser Diagnose über sie und über uns selbst lernen können. Solche Kinder sind fantastisch darin, die gängigen Verhaltensmuster in einer Gesellschaft aufzubrechen. Denn ich denke, dass sich vor allem unser Blickwinkel ändern muss. Statt unsere Kinder zu belehren und ihnen die »Päckchen« aufzubürden, die wir mit uns herumtragen, sollten wir gut hinsehen, wenn sie uns den Spiegel vorhalten. Und Kinder mit Diagnosen oder psychischen Problemen sind fantastische »Träger« all dessen, was uns unbewusst ist. Sie spiegeln unsere alten Muster und verschlossenen Herzen in ihrem Verhalten wider. Wir sind Bestandteil einer Gesellschaft, die sich entwickelt, und wer andere verstehen will, muss erst einmal sich selbst verstehen. Deshalb ein wenig über mich selbst: Ich war das unsichtbare Kind in einer Familie, die sich entschieden hatte, mich unsichtbar zu machen. Warum? Weil ich sensibel bin und sah, dass Mama genug mit ihrer Ehe und meinen Geschwistern zu tun hatte, meinem jüngeren Bruder und meiner älteren Schwester.

Als 9-Jährige wusste ich schon, dass mein Vater untreu war, weil ich es an der Atmosphäre zwischen ihm und der Frau an seinem Arbeitsplatz spürte. Niemand redete davon, und jahrelang wusste auch niemand davon. Doch ich wusste so etwas. Ich hatte eine ausgeprägte Fähigkeit entwickelt, Stimmungen aufzufangen und zu analysieren. Ich erinnere mich, dass ich mich schon im Kindergarten darüber wunderte, dass die Erwachsenen mit ihren Körpern manchmal etwas ganz anderes ausdrückten als mit ihrer Sprache. Ich habe früh gelernt, dass die Erde kein vertrauensvoller Ort war, und wollte man jemand vertrauen, dann vertraute man am besten sich selbst. Ich bekam so oft zu hören, dass ich anders sei als die anderen Kinder, bis ich es selbst glaubte und meine Identität in diesem Glauben entwickelte.

Sich in der Schule mit dem Tod zu beschäftigen war auch nicht sonderlich populär, und so unterzog man mich einem psychologischen Test. Ich hatte einen Aufsatz über Selbstmord geschrieben, weil ich mehr darüber lernen wollte, was Menschen über den Tod und das Leben denken. Was Leute dazu bringt, solch eine drastische Entscheidung zu treffen. Außerdem studierte meine Mutter Kriminologie an der Uni, und so sog ich alles begierig in mich auf.

Plötzlich bekam ich zu hören, ich sei deprimiert. Ich ging zu einem Jugendpsychiater, der mir Medikamente verschrieb. Da es mir auf der Schule nicht besonders gefiel, schwänzte ich immer wieder den Unterricht und ging lieber in den Wald, um philosophische Bücher zu lesen. Schließlich hatte ich in circa der Hälfte der Schulstunden gefehlt. Da ich aber beliebt war und gute Noten hatte und außerdem schwarz auf weiß bestätigt bekam, dass ich Depressionen hätte, wurde ich ohne Weiteres auf der weiterführenden Schule aufgenommen.

Ich hatte stets viele Freunde und war beliebt, weil ich Menschen immer gemocht habe. Sehr gemocht habe. Was ich nicht mag, sind Systeme und starre Verhaltensmuster. Ich bin eine Rebellin, die jahrelang zum Psychiater ging, weil meine Andersartigkeit geheilt werden sollte. Ich bekam eine Schlafkrankheit, die ich acht Jahre lang hatte und die mir gewissermaßen die Augen geöffnet hat. Ich begriff, dass ich mir die Krankheit selbst ausgesucht hatte, weil ich nicht mehr mitspielen wollte. Ich wollte mich nicht mehr mit dem Leben abgeben. Ich wollte verschwinden, und der Schlaf war mein Ausweg.
Als ich dies begriffen hatte, konnte ich mich wieder von der Krankheit befreien. Ich begann mit NLP und Selbstentwicklung, und so erwachte ich immer mehr. Nach einem Jahr zwischen Zweifel und Hoffnung glaubte ich schließlich mit allen Zellen meines Körpers: »JA, ich bin gesund! Jetzt weiß ich es.« Und jetzt, nachdem vier Jahre vergangen sind, bin ich immer noch gesund.
Ich habe einen Ganztagsjob, Haus und Auto, bin alleinerziehende Mutter von zwei Kindern und habe keine finanziellen Probleme. Doch erst jetzt, im Alter von 32 Jahren, verstehe ich, wer ich bin. Ich brauche mich nicht mehr therapieren zu lassen, weil ich anders bin, weil ich denke, analysiere und träume. Ich habe verstanden, dass ich nicht von allen gemocht werden muss; ich muss auch nicht verstanden werden, ich bin einfach nur ich selbst und liebe mich so, wie ich bin!
Ich will mich nicht mehr abmühen, um so zu sein wie alle anderen oder mich jedem Rahmen anzupassen. Denn ich bin anderer Meinung! Ich muss nur ich sein. Und ich danke meinem fantastischen Sohn, der jetzt 13 Jahre alt ist und mich in all den Jahren gespiegelt hat. Diesem einzigartigen Kind, das ganz es selbst ist und direkte Fragen stellt. Ich liebe es bedingungslos, ich werde es nie verändern; danke an das Leben, das mir so viele fantastische Dinge beigebracht hat.

Eine Mutter, die sich selbst gefunden hat

Antwort von Jesper Juul:

Wie Sie sicher schon ahnen, bin ich ganz einer Meinung mit Ihnen. Es ist ein Geschenk, Briefe von Eltern zu bekommen, die mit solcher Klarheit beschreiben können, dass das Zusammenleben mit unseren Kindern erst dann stimmig und enorm bereichernd wird, wenn wir es als wechselseitigen Lern- und Entwicklungsprozess betrachten.

Dass heute so extrem viele Kinder in Schubladen gesteckt und mit Diagnosen bedacht werden, hat vielleicht einen einzigen Vorteil – dass diese Kinder, wenn sie später selbst Eltern sind, eine Gegenbewegung bilden, die dazu beiträgt, dass sowohl die Familien als auch die pädagogischen Institutionen und die gesamte Gesellschaft weitsichtiger und gelassener werden.

Bis es so weit ist, müssen wir wohl damit leben, dass die Mehrheit der Eltern und der Experten sich in die Sicherheit des Bekannten und allgemein Akzeptierten – also in die Konformität – flüchtet. Ich habe diesen Konflikt zwischen Zusammenarbeit und Integrität beziehungsweise Konformität und Individualität beziehungsweise Individuation und Anpassung in verschiedenen Zusammenhängen beschrieben. Für die meisten von uns ist er eine tägliche Herausforderung. Menschen wie Ihnen und Ihrem Sohn, die früh erlebt haben, nicht gesehen und anerkannt zu werden, fällt es womöglich leichter, die optimale Balance zwischen den beiden Polen zu finden. Doch müssen wir der Tatsache ins Auge sehen, dass sich die meisten Menschen im Alltag immer noch danach richten, was »man« tut. Die Sehnsucht nach Gemeinschaft und die Angst vor der Einsamkeit wiegen ganz einfach zu schwer.

Historisch betrachtet, ist die Idee, sich selbst treu zu sein, sowohl alt als auch neu. Die Bibel und zahlreiche Philosophen haben sich im Lauf der Geschichte mit dem voraussetzungslosen Wert des Individuums für die Gemeinschaft und mit dem Wert der Außenseiter für die »Insider« beschäftigt. Gesellschaftlich relevant ist dieses Phänomen jedoch erst seit circa fünfzig Jahren. Zuvor war es schlicht unmöglich, verantwortungsvolle, persönliche Entscheidungen zu treffen, ohne mit ernsten sozialen Konsequenzen rechnen zu müssen. Dass der Mut, solche Entscheidungen zu treffen, der beste Schutz für gut funktionierende Gemeinschaften und die eigene Lebensqualität ist, scheint vielen Menschen allerdings immer noch unbekannt zu sein.

Leider gilt das auch für einige professionelle Helfer und Berater. Sie tun ihre Arbeit, um anderen Menschen zu helfen – doch nicht, um ihr eigenes Weltbild infrage zu stellen. Sie suchen nach Sicherheit in der Konformität der Methoden und nicht in der Beziehung zu demjenigen, dem sie helfen wollen.

Derzeit verhält es sich so, dass das Denken der Experten hauptsächlich von Kategorien und Diagnosen bestimmt wird. Viel zu viele von ihnen fragen nicht mehr »Wer bist du?«, sondern »Was bist du?«.

Das ist zumindest mein Eindruck. Vermutlich empfinden sie den Zugang zu ihrer Arbeit selbst ganz anders und sind (hoffentlich!) von ihrer professionellen Integrität überzeugt. Das Ironische ist ja, dass Sie und ich die Sehnsucht nach Konformität in unserem Wunsch zum Ausdruck bringen, dass auch andere das Leben auf dieselbe Art und Weise erleben mögen wie wir. Dieser Tag wird hoffentlich nie kommen!

Ihr Sohn hat für seine Art, Mensch und Mitmensch zu sein, schon einen hohen Preis bezahlt. Hoffentlich wird er als 40-Jähriger einst sein Leben betrachten und ein angemessenes Gleichgewicht zwischen Verlust und Gewinn feststellen können. Seine Mutter ist auf diesem Gebiet jedenfalls ein leuchtendes Vorbild.

Eine verzweifelte Mutter

»

Ich bin Mutter von drei Kindern im Alter von 4, 3 und 1½ Jahren – mit allen Herausforderungen und Freuden, die das mit sich bringt. Mein Mann ist beruflich viel auf Reisen und dann immer gleich für mehrere Wochen unterwegs, um danach drei bis vier Wochen am Stück zu Hause zu sein. Unser Alltag ist weniger hektisch als der vieler anderer, die ebenfalls Kleinkinder haben. In der Regel haben wir genug Zeit, wenn wir aus dem Haus müssen, zum Kindergarten oder woandershin, und brauchen keiner bestimmten Uhrzeit nachzujagen. Das Gefühl, das mich bedrückt, kennen vermutlich die meisten Eltern. Ich beginne jeden Tag mit den besten Absichten und nehme mir vor, den Kindern gegenüber geduldig zu sein und nicht mit ihnen zu streiten, doch habe ich jeden Abend das Gefühl, dass es mir nicht gelungen ist. Ich möchte unbedingt, dass meine Kinder es gut haben.

Das heißt nicht, dass ich sie verhätschele oder meine wahren Gefühle unterdrücke. Wenn ich sauer bin, dann merken sie es auch. Manchmal kommt es auch vor, dass mein Mann und ich unterschiedlicher Meinung sind und kleine Streitereien austragen. Ich glaube jedoch nicht, dass das Wohlergehen der Kinder deshalb beeinträchtigt ist, da wir ja nicht ständig streiten und alles immer in einem gewissen Rahmen bleibt. Meiner Meinung nach sollen sie ruhig sehen, dass Mama frustriert ist, wenn sie beim x-ten Mal immer noch nicht hören. Aber wenn es zu lange dauert, werde ich so wütend! Wenn ich erschöpft bin und bei ihnen einfach nicht durchdringe, dann schreie ich sie auch mal an und schicke sie auf ihr Zimmer. Da sie natürlich nicht freiwillig gehen, muss ich sie dorthin zerren. Manchmal packe ich sie auch hart am Arm (das gilt natürlich nur für die beiden ältesten) und spüre, während ich ihren Arm drücke, den Drang, noch fester zuzudrücken. Wenn das geschieht, sagt meine innere Stimme: »Das ist doch Kindesmisshandlung! Du darfst deinen Kindern nicht wehtun!« Trotzdem habe ich es nicht geschafft, damit aufzuhören.

Das Wissen ist schrecklich, dass ich meine Kinder nicht respektvoll behandele und dass ich mein Verhalten nicht ändern kann, obwohl es nicht in Ordnung ist. Ich habe meine Kinder nie geschlagen und habe auch nie den Drang gespürt, sie zu schlagen. Ich bin wohl einfach sehr temperamentvoll und kann meine Gefühle nur schwer verbergen. Dass ich meine Kinder nicht schlage, ist natürlich keine Entschuldigung für mein Verhalten. Man darf Kindern keine physische Gewalt antun.

Eine typische Situation, in der ich oft die Geduld verliere, ist das Ins-Bett-Bringen. Der 2-Jährige ruft häufig noch nach uns, nachdem wir gelesen, gesungen und Gute Nacht gesagt haben. Manchmal gehe ich mehrmals hin und her. Erst versuche ich es im Guten, doch irgendwann weise ich ihn zurecht und werde richtig wütend dabei. Dasselbe passiert morgens beim Anziehen. Meine 4-jährige Tochter hat, vermutlich wie die meisten 4-Jährigen, große Schwierigkeiten, sich auf das zu konzentrieren, was sie tun soll. Es dauert oft eine halbe Stunde, bis sie fertig angezogen ist, nachdem ich ihr die Sachen mühsam über den Kopf gezogen habe. Ich habe versucht, sie einfach machen zu lassen und stattdessen beispielsweise zu sagen: »Wenn du dich jetzt nicht anziehst, dann musst du zu Hause bei Papa bleiben, und ich fahre allein einkaufen.« Aber dann ist es zu heftigen Gefühlsausbrüchen gekommen, die mindestens ebenso aufreibend und erschöpfend sind wie meine Wutanfälle.

Allerdings habe ich in solchen Fällen kein so schlechtes Gewissen, weil es mir gelungen ist, meine Emotionen unter Kontrolle zu halten und

nicht so wütend zu werden. Wenn ich das Gefühl habe, dass ich zu weit gegangen bin, entschuldige ich mich bei ihnen und rede über das, was passiert ist. Wie viel Geduld ich habe, hängt natürlich wesentlich davon ab, ob mein Mann zu Hause ist. Wenn er daheim ist, habe ich mehr überschüssige Energie, und das Merkwürdige daran ist, dass auch die Kinder das merken. Wenn ihr Papa zu Hause ist, dann wissen sie, dass sie sich mit zwei Erwachsenen auseinandersetzen können, und ziehen alles noch mehr in die Länge.
Das Gefühl, versagt zu haben, belastet mich. Ich bin nicht die Mutter, die ich gerne sein würde! Nicht auszudenken, wenn mein Verhalten ihnen einen lebenslangen Schaden zufügt. Ich bin selbst unter schwierigen Bedingungen aufgewachsen. Meine Mutter war narzisstisch, und als Erwachsene musste ich hart gegen meine eigene Selbstausbeutung ankämpfen. Ich umarme meine Kinder jeden Tag und sage ihnen, wie wunderbar sie sind. Sie wissen, dass ich sie liebe. Wir nehmen sie oft zu Freizeitaktivitäten mit und spielen mit ihnen.
Ich fühle, dass alles, was mein Mann und ich tun, sich um unsere Kinder und die Familie dreht. Ich hätte nie gedacht, dass es so herrlich und schwierig ist, Mutter zu sein. Es bringt meine besten und meine schlechtesten Seiten zum Vorschein, und ich brauche Werkzeuge, um mit den schlechten Seiten besser umgehen zu können. Könnten Sie mir bitte helfen – und natürlich auch meinen Kindern?

Eine Mutter, die unbedingt ihr Bestes geben will

Antwort von Jesper Juul:

Danke für Ihren Brief, der nicht nur schön, sondern ein echter »Klassiker« ist, da er die Situation vieler Eltern beschreibt. Sie haben Ihren persönlichen Hintergrund, auf den ich später eingehen möchte. Doch in erster Linie sind Sie ein »Kind Ihrer Zeit«. Das bedeutet unter anderem, dass Sie und Ihre Kinder sich in einem Wertechaos befinden: In einem Moment wird Ihr Verhalten von dem Wunsch diktiert, eine moderne, respektvolle Mutter zu sein, und im nächsten Moment – wenn Konflikte entstehen – verheddern Sie sich im Gestrüpp Ihrer eigenen Kindheit und greifen instinktiv in die Schublade mit den altmodischen Erziehungsmethoden.

Sie wissen selbst, wie schwer es ist, die Mutter zu sein, die Sie sind. Man kann sich also gut vorstellen, wie unsicher und verwirrt Ihre Kinder sein müssen. Glücklicherweise hat Ihr Wille, sie zu respektieren und die Verantwortung für Ihre Fehler zu übernehmen, dafür gesorgt, dass Ihre Kinder völlig gesund sind. Das zeigt sich daran, dass sie tun und lassen, was ihnen gefällt, wenn ihre Mutter ihnen nicht die nötige Klarheit vermitteln kann, weil sie so sehr mit ihren eigenen Werten ringt.

Damit ist auch gesagt, dass dies ein Führungsproblem ist, für das Ihre Kinder unweigerlich ihren Preis bezahlen werden. Dieser wird meiner Einschätzung nach nicht allzu hoch ausfallen; dennoch sollten Sie versuchen, etwas daran zu ändern – schon allein im Hinblick auf Ihr Selbstgefühl als Mensch und Ihr Selbstvertrauen als Mutter.

Das Leben mit einer narzisstischen Mutter kommt der Kindheit in einer absoluten Diktatur gleich, wo die Individualität des Einzelnen nichts gilt beziehungsweise sich nicht entfalten kann. Dieser Umstand führt viele Beschwernisse mit sich; was jedoch Ihr Verhältnis zu Ihren eigenen Kindern kennzeichnet, ist ein Mangel an persönlicher Autorität. Dafür gibt es eine logische Erklärung. Wer mit einer krankhaft egozentrischen Mutter aufwächst, der hat später ebenso große intellektuelle wie emotionale Schwierigkeiten zu lernen, wie man sich selbst ernst nimmt. Schon das Wort »selbst« löst einen inneren Widerstand und die Angst aus, genauso egozentrisch und kalt zu sein, wie es das eigene Rollenmodell war.

Allein durch intellektuelle Einsicht und Anschauungen, die denen Ihrer Mutter widersprechen, können Sie diesen Widerstand nicht überwinden. Dazu brauchen Sie neue »therapeutische« Erlebnisse. Das muss nicht zwangsläufig eine Psychotherapie sein, denn auch diese hat ihre Grenzen. Es bedeutet, dass Sie das tun müssen, womit Sie bereits begonnen haben: die teils unbarmherzigen Herausforderungen Ihrer Kinder anzunehmen und an ihnen zu wachsen. Sie müssen also lernen, sich jedes Mal ernst zu nehmen, wenn Ihre Kinder Sie nicht ernst nehmen.

Es geht nicht darum, seine Stimme zu heben, streng zu sein oder mit Konsequenzen zu drohen. Es geht nicht um die Worte, die aus Ihrem Mund kommen, sondern um Ihre Ausstrahlung.

Es geht darum, eine innere Sicherheit aufzubauen hinsichtlich der Frage, was Sie wollen und was Sie nicht wollen.

Nicht zuletzt müssen Sie die Überzeugung gewinnen, dass es völlig in Ordnung ist, dass Sie etwas wollen, weil dies gut und notwendig für Sie selbst ist. Damit werden Sie nicht zu einer krankhaften Egozentrikerin! Und auch nicht zu einer schlechten, unsensiblen Mutter.

Die Rolle Ihres Mannes ist mir ein wenig unklar, abgesehen von der Tatsache, dass er nicht so viel zu Hause ist und Sie daher die alleinige Verantwortung für die Kinder tragen. Aber das ist natürlich eine existenzielle Realität für viele Frauen. Ich habe den Eindruck, dass er aus Loyalität zu Ihnen seinen Führungsstil dem Ihren angepasst hat. Falls das zutrifft, sollte er überlegen, seinen Stil zu ändern, um Ihnen mit gutem Beispiel voranzugehen. Sie stehen vor einer sehr großen Aufgabe, doch seien Sie gelassen! Ihre Kinder werden schon zurechtkommen, auch wenn es ein bisschen dauern wird.

Letztlich ist es immer noch besser, mit unsicheren Eltern aufzuwachsen als mit Eltern, die sich ihrer Sache zu sicher sind. Besonders, wenn diese in der Lage sind, ihre Kinder ernst zu nehmen, was bei Ihnen zum Glück, trotz Ihrer schwierigen Kindheit, der Fall ist.

Ist es gesund, sich zu langweilen?

Vor allem, wenn die Herbst- und Winterferien vor der Tür stehen, wimmelt es in den Medien nur so von Vorschlägen, was Familien alles tun können, um ihre Kinder zu unterhalten. Auch ich werde oft gefragt, wie Eltern verhindern können, dass ihre Kleinen sich langweilen. Daher will ich diese Gelegenheit nutzen, um ein wenig Werbung für die Langeweile und ihre Begleiterscheinungen zu machen.

Das, was ich im Folgenden schreibe, richtet sich also nicht an diejenigen Eltern, die sich auf ganz natürliche Weise mit ihren Kindern vergnügen, die, sofern sich eine Gelegenheit ergibt, mit ihnen Ski laufen, zum Wandern oder ins Museum gehen oder was auch immer ihnen einfällt, um den Alltag zu verschönern.

Das Folgende richtet sich vielmehr an jene Eltern, die sich unter Druck gesetzt fühlen, ihren Kindern ein Unterhaltungsprogramm bieten zu müssen. An diejenigen, die ein schlechtes Gewissen haben, weil sie nicht die Energie aufbringen, sich selbst mit ihren Kindern zu beschäftigen, sondern diese Verantwortung an andere abgeben; die sich lieber entspannen oder die Küche streichen, statt sich vom ewigen »Mir ist langweilig!« ihrer Kinder tyrannisieren zu lassen.

Kinder und ihre Eltern haben im Laufe der letzten 10 bis 15 Jahre eine zusätzliche Identität bekommen, die dazu tendiert, ihre persönliche Existenz in den Schatten zu stellen. Sie sind zu Konsumenten geworden – mit allen Vor- und Nachteilen, die das mit sich bringt.

Für viele ist der Konsum zum Missbrauch geworden, was bedeutet, dass die Erwachsenen zu »Shopaholics« werden und die Kinder sich auf der Stelle zu langweilen beginnen, wenn äußere Reize in Form von unterhaltender Pädagogik, Computerspielen, DVDs, Fernsehen und Ähnlichem ausbleiben.

Schon in frühkindlichen Betreuungseinrichtungen werden die Kleinen zu Konsumenten von pädagogischen Anreizen und Serviceleistungen.

In etlichen europäischen Staaten gibt es an der Qualität der Betreuungseinrichtungen im Allgemeinen nichts auszusetzen, und viele den Kindern angebotene Anregungen sind ebenso relevant wie nützlich – und vor allem in reichlicher Menge vorhanden. Die Menge ist tatsächlich so groß, dass viele Kinder um 14 Uhr überstimuliert sind. Daran lässt sich nicht viel ändern, solange relativ wenige Betreuer pro Kind zur Verfügung stehen, ein notwendiger Fokus auf Gruppenaktivitäten liegt und man sich nicht ausreichend über den Wert der Langeweile im Klaren ist.

Viele unserer Institutionen und ihre Pädagogen sind so tüchtig und glaubwürdig, dass sie zu Vorbildern für die Eltern werden. Daher fühlen sich manche Eltern gezwungen, zu Hause mit den Kindern dort weiterzumachen, wo die Pädagogen in der Einrichtung aufgehört haben. Der Druck kommt auch von den Kindern selbst, die verlangen, daheim auf demselben Niveau unterhalten zu werden. Und wenn dann die Ferien beginnen, bekommen sie Entzugserscheinungen und beklagen sich bei ihren Eltern.

Doch was sollen die armen Eltern tun? Diejenigen, die genug überschüssige Energie besitzen, können ein anregendes Tagesprogramm auf die Beine stellen; die anderen versuchen derweil, sich mit einem Stapel Zeichentrickfilme und dem Anflug eines schlechten Gewissens aus der Affäre zu ziehen.

Mein Vorschlag ist, die Kinder sich langweilen zu lassen und dies guten Gewissens zu tun. Es gibt Kinder, die in einer gewissen Phase ihres Lebens oft sagen, dass sie sich langweilen. Damit meinen sie eigentlich, dass sie traurig sind oder eine Leere in sich spüren.

Wenn Kinder sich »langweilen«, empfinden sie meistens eine ganz bestimmte Unruhe in ihrem Körper. Diese Unruhe markiert den Übergang zwischen dem Gefühl, ein Konsument stimulierender Angebote zu sein, die von außen an einen herangetragen werden, und der Entdeckung der schöpferischen Kreativität, die wir alle in uns tragen. Die meisten Eltern erleben, dass ein Kind, das sich langweilt, konsequent alle Vorschläge abweist, was es jetzt tun könnte. Wenn beide Seiten diesen Zustand ein wenig aushalten, dauert es selten länger als eine Viertelstunde, bis das Kind in irgendeine neue Beschäftigung vertieft ist.

Auch wir Erwachsenen kennen diese innere Unruhe, die entsteht, wenn der Terminkalender leer ist und wir plötzlich nicht mehr ständig gefordert sind. Die neuste Freizeitbeschäftigung für Jugendliche und Erwachsene lautet Shopping. Sie ist deshalb so beliebt, weil sie unsere innere Unruhe dämpft, unter anderem, weil sie das Hormon Endorphin freisetzt, das beruhigend wirkt und dem Leben somit eine oberflächliche Bedeutung verleiht.

Kinder und Jugendliche haben schon immer getan, was Erwachsene tun, und ihre Kompetenz reicht nicht so weit, als dass sie die Grenze zum Missbrauch jederzeit erkennen könnten. Diejenigen, deren Eltern dies nicht finanzieren können, landen zudem im sozialen Abseits, das sie von ihren Freunden isoliert.

Langeweile ist für den Einzelnen jedes Alters ein wichtiger Schlüssel, um zu einer besseren inneren Balance zu finden.

Wer die Geduld aufbringt, die Phase der Ruhelosigkeit zu überstehen, kommt mit einer Kreativität in Kontakt, die sehr viel mehr bedeutet als bloßes Zeichnen, Malen und Modellieren. Kreativität bedeutet, sich selbst zu spüren, sich selbst kennenzulernen und einen persönlichen Ausdruck zu finden. Kreative Phasen beinhalten auch viele reflexive, fast meditative Pausen, die wir nun nicht mehr als quälende Leere, sondern als erholsame Ruhe empfinden, die uns willkommene Gelegenheit geben, unsere »Batterien aufzuladen«.

Kreativität spielt also eine wichtige Rolle, damit Kinder ihr Selbstgefühl entwickeln und weniger abhängig davon werden, so sein zu wollen wie die anderen, um akzeptiert zu werden. Die gestärkte Autonomie führt auch zu einer größeren sozialen Kompetenz. Wenn Ihr Kind also zu Ihnen kommt und sagt, ihm sei »sooooo langweilig«, können Sie es guten Gewissens mit den Worten umarmen: »Da bin ich aber gespannt, was dir einfällt. Viel Glück dabei!« Das steigert zwar nicht unmittelbar Ihre Beliebtheit, doch verschaffen Sie Ihrem Kind die wertvolle Möglichkeit, von innen heraus zu handeln, statt sich von äußeren Reizen lenken zu lassen.

Am besten wäre es freilich, Sie würden sich gemeinsam langweilen.

Dann würden Sie nämlich entdecken, dass Sie sich Dinge zu erzählen haben, mit denen man erst in Kontakt kommt, wenn keine äußere Ablenkung vorhanden ist und man die eigene Unruhe überwunden hat. In diesem Moment wird echte Nähe möglich – nicht nur zwischen Eltern und Kindern, sondern auch zwischen Erwachsenen.

Wir können unsere Konsumentenidentität nicht ablegen, sie aber kontrollieren und unseren Kindern helfen, dies auch zu lernen. Nicht indem wir ihnen große Vorträge wider den Konsum halten, sondern indem wir gemeinsam mit ihnen eine andere Dimension erleben, die uns eine Pause von den Erfordernissen des Alltags verschafft. Sich zu langweilen macht keinen Spaß, aber die Belohnung lässt nicht lange auf sich warten!

Ich will euch nicht mehr haben!

“

Wir haben eine 3-jährige Tochter, Mette, die mit Wut und Aggression reagiert, nachdem wir eine weitere Tochter, Kristin, bekommen haben, die jetzt ein halbes Jahr alt ist. Mette sagt Dinge wie: »Ich will euch nicht mehr haben! Haut ab! Ich geh von zu Hause weg!« Manchmal schreit sie aus vollem Hals »Nein!«. Oft liegt sie irgendwo und schmollt, und manchmal tritt sie sich selbst auf die Hand oder schlägt nach uns. Ein paar Monate nach Kristins Geburt fragte Mette, ob ihre kleine Schwester nicht bald wieder verschwinden würde.

Mette erfand schließlich eine Elfengroßmutter, die unter dem Wäscheständer wohnte. Mit ihr zusammen hatte sie viel Spaß, sie reisten gemeinsam nach Afrika, fuhren Schlitten und vieles mehr.

Ich habe Mette im Alter von 36 Jahren bekommen. Mein Mann war damals 38, und wir hatten beide absolut keine Ahnung von Kindern. Ich gehörte zu der Kategorie von Frauen, die meinen, man sollte sich um die Kinder kümmern, die schon auf der Welt sind. Eigene Kinder zu bekommen hielt ich bis zu einem gewissen Grad für egoistisch. Darüber hinaus habe ich mir nicht vorstellen können, eine gute Mutter zu sein, da meine Eltern keine positiven Vorbilder waren und ich auch ein eher mäßiges Verhältnis zu ihnen habe. Mein Mann ist der einzige Mensch, auf den ich mich verlassen kann. Er ist sehr zuverlässig, hatte eine schöne Kindheit und Eltern, die gute Rollenmodelle waren.

Mette ist ein aufgewecktes und soziales Mädchen, und bis jetzt ist alles besser gelaufen, als ich es mir je hätte vorstellen können. Doch nun fürchte ich, dass ich sie nicht gut genug auf die Ankunft ihrer kleinen Schwester vorbereitet habe. Eigentlich hat sie bereits während meiner Schwangerschaft begonnen, sich zu verändern, trauriger zu werden. Sie erzählte mir, dass sie Angst hat, ich würde sie gar nicht mehr stillen, was ich bis zu diesem Zeitpunkt getan hatte. Ich habe sie beruhigt und gesagt, dass ich das schon noch ein bisschen weitermachen würde. Meine Ärztin und mein Mann hatten mir allerdings davon abgeraten, weil sie beide meinten, dass ich schon viel zu lange stillen würde. Mette und ich haben in enger Symbiose gelebt, vielleicht zu eng, und so war sie es immer gewohnt, meine ungeteilte Aufmerksamkeit zu bekommen. Ich hatte Angst, einer empfindsamen und künstlerischen Seele nicht gerecht zu werden, die sie meiner Vermutung nach (leider) von mir geerbt hat.
Als sie eineinhalb Jahre alt war, kam sie in eine Kindereinrichtung. Bis dahin sind wir ständig zusammen gewesen. Dort verhielt sie sich sozial und war gut integriert. Am liebsten hätte ich sie ja in eine Montessori-Einrichtung gegeben, doch mein Mann ist der Meinung, sie solle möglichst in einem ganz »normalen« Milieu aufwachsen und außerdem in unserer näheren Umgebung sein. Kurz vor Kristins Geburt haben wir sie deshalb in einen anderen Kindergarten gegeben, dessen Lage uns besser gefällt.
Ich habe deswegen ein furchtbar schlechtes Gewissen, weil sie sagt, dass sie sich dort langweilt und wieder in die alte Einrichtung zurückmöchte. Also bin ich mit ihr noch einmal dorthin gefahren, obwohl mein Mann meint, dass ihr das nicht guttut. Mette hat im neuen Kindergarten eigentlich gleich Anschluss und sogar einen kleinen »Verehrer« gefunden. Mein Mann meint, sie hätte den alten Kindergarten längst vergessen, aber zu mir sagt sie, dass sie ihn vermisst. Was glauben Sie? Nutzt sie, um Aufmerksamkeit zu bekommen, nur mein schlechtes Gewissen aus, von dem ich eigentlich weiß, dass ich es endlich überwinden sollte?

Wir versuchen, ihr negatives Verhalten nicht so sehr zu beachten. Stattdessen loben wir sie lieber, wenn sie zum Beispiel aufräumt, und geben ihr genug Zeit, mit uns zusammen in ihrer Welt zu leben, gemeinsam Schnecken zu studieren und zu spielen.
Eigentlich würde Mette gern noch ein Baby sein, und auch das haben wir akzeptiert, doch jetzt hat sie sich einen quengeligen, sehr entnervenden Ton angewöhnt. Dann will sie wieder ein großes Mädchen sein und alles alleine schaffen. Sie kann sich gut ausdrücken und findet für die meisten Dinge die richtigen Worte.
Mit Kristin scheint irgendwie alles leichter zu gehen, aufgrund unserer Erfahrung, doch anfangs hatte ich Angst, ihr nicht genug Aufmerksamkeit zu widmen. Zu ihrer kleinen Schwester ist Mette nett, spielt mit ihr und bringt sie zum Lachen. Ich glaube also, dass sich mit der Zeit schon alles regeln wird. Aber wie sollen wir das tiefe Vertrauen wiederherstellen, das sie zu uns hatte, ehe sie sich einredete, wir wollten sie gegen das Baby austauschen? Haben Sie einen guten Rat? Sollen wir noch eine Weile tolerieren, dass sie derzeit eine unausstehliche kleine Zicke ist, oder sollen wir dagegen vorgehen? Ist das vielleicht der ganz normale Ablösungsprozess in der Trotzphase? Das sind so die Gedanken, die ich mir mache …

Eine sehr verunsicherte Mutter

Antwort von Jesper Juul:

Lassen Sie mich mit etwas beginnen, mit dem ich oft beginne: Das Verhalten der Kinder ist ihr persönlicher Ausdruck dafür, wie es ihnen mit sich selbst geht, wie sie in ihrer Familie, im Kindergarten und so fort zurechtkommen. Allein deshalb ist es absurd, manches Verhalten zu kritisieren und anderes zu loben.

Stellen Sie sich vor, Sie selbst seien über Monate hinweg gewissen Stimmungsschwankungen unterworfen. Ihren Nächsten gegenüber sind Sie aggressiv oder auch nur in sich gekehrt und reizbar. Hin und wieder gibt es Tage, an denen Sie wieder »ganz Sie selbst« sind, wie es fälschlich heißt. Stellen Sie sich weiterhin vor, dass Ihr Mann damit beginnt, Sie an diesen Tagen zu loben: »Jetzt bist du endlich wieder lieb! Diese Frau gefällt mir sehr viel besser!« Es stellt sich der Automatismus ein, dass Ihr Mann nur dann fröhlich und positiv gestimmt ist, wenn Sie es auch sind.

Finden Sie diese »positive Verstärkung« Ihres Verhaltens richtig, oder kommen Sie sich ignoriert und einsam vor, weil Sie nicht jeden Tag bestens gelaunt sein können?

Dies ist – auch in der Beziehung zu Kindern – der sicherste Weg, um einsame kriegerische Individuen zu schaffen, die ständig in Machtkämpfe verstrickt sind, um Selbstbestätigung zu erfahren, oder um Gefallsüchtige zu erzeugen, die sich übersehen fühlen, wenn sie nicht pausenlos gelobt werden.

Ihre älteste Tochter war offenbar nicht gut genug darauf vorbereitet, wie es ist, eine kleine Schwester zu bekommen. Ich kann nicht beurteilen, ob Sie als Eltern in dieser Hinsicht etwas versäumt haben oder ob das Erlebnis an sich für Ihre ältere Tochter so ein Schock war, dass sie dies in aller Deutlichkeit zum Ausdruck bringen musste. Für gewöhnlich bereiten Eltern ihre Kinder mit einem gewissen romantischen Unterton auf solch ein Ereignis vor, vergessen jedoch zu sagen, dass diese eigentlich glückliche Begebenheit auch einen radikalen Verlust mit sich führt:

50 Prozent all dessen, was die Älteste *ihr bisheriges Leben lang* hatte, geht nun verloren und wird nie wiederkehren, ganz gleich, welche Kapriolen die Eltern auch schlagen.

Wenn Mette sagt: »Ich will euch nicht mehr haben! Haut ab! Ich geh von zu Hause weg!« und aus vollem Hals »Nein!« schreit, dann bedeutet das: »Meine Welt und meine Lebensgrundlage haben sich so radikal verändert, dass ich das Gefühl habe, nicht mehr dazuzugehören. Nicht nur die Symbiose mit meiner Mutter ist vorbei, sondern die ganze Familie hat sich verändert. Ich will meine alte Familie zurückhaben!«

Vermutlich haben Sie recht, dass der Zeitpunkt für den Kindergartenwechsel nicht optimal war. Den wechselhaften Rückmeldungen Ihrer Tochter können Sie in jedem Fall Vertrauen schenken. Denn sie muss ihr Leben quasi zwischen zwei Eltern hindurchmanövrieren, die völlig unterschiedliche Temperamente und Werte haben. Der empfindsamen und beschützenden Art ihrer Mutter steht das nüchterne Verständnis ihres Vaters gegenüber, dass jeder Lebensstil auch Schmerzen erzeugt und dass dies vollkommen in Ordnung ist. Dieser klassische Unterschied zwischen Müttern und Vätern neigt im Lauf der Jahre zu einer zunehmenden Polarisierung, und nicht selten endet es damit, dass wir Dinge sagen, die wir eigentlich nicht meinen. Wenn der eine Partner zum Pessimismus neigt, wird sich der andere automatisch mehr und mehr zum »unverbesserlichen« Optimisten entwickeln.

Sie wollen in Ihrer Tochter etwas ganz Besonderes sehen, während ihr Vater den Blick lieber auf das Durchschnittliche richtet.

Gemeinsam sorgen diese beiden Perspektiven mit großer Sicherheit dafür, dass Ihre Tochter als das gesehen wird, was sie ist.

Sie ist ja unter anderem kreativ und gut darin, Bilder in ihrem Kopf zu entwerfen. Mit diesem Ausgangspunkt im Hinterkopf sollten Sie (nicht Ihr Mann!) sich in einer ruhigen harmonischen Stunde an Ihre Tochter wenden und Folgendes zu ihr sagen: »Du, ich habe da über etwas nachgedacht, worüber ich gerne mit dir reden möchte. Ich glaube, es war viel schwerer für dich, als ich mir vorstellen konnte, als deine kleine Schwester geboren wurde und in unser Haus gekommen ist. Eine Zeit lang habe ich geglaubt, dass du ohne bestimmten Grund wütend und unzufrieden bist, doch jetzt glaube ich, dass es damals sehr schwer für dich war. Stimmt das?«

Auf die eine oder andere Weise wird sie Ihre Frage bestätigen (falls es Ihnen gelingt, sich Ihre mütterliche Besorgnis und Ihr schlechtes Gewissen weder anhören noch ansehen zu lassen).

Darauf können Sie entgegnen: »Ich bin froh, dass du das sagst … jetzt begreife ich das besser, aber weißt du was? Vielleicht könntest du ein paar Bilder für mich malen, damit ich richtig verstehen kann, wie es dir damals gegangen ist – und vielleicht immer noch geht. Darüber würde ich mich riesig freuen!«

Hier geht es nicht um eine altersbedingte Entwicklungsphase, sondern um ein persönliches Anliegen zwischen Ihrer Tochter und Ihnen, den Eltern, und so sollte es auch behandelt werden.

Wenn Sie der Vorstellung anhängen, dass sich der Konflikt (ohne Ihren persönlichen Einsatz) schon irgendwann in Luft auflösen werde, bedeutet das nur, dass Mette weiter »gegen eine Wand anredet« und die Problematik irgendwann in ihre Seele einschließt, wo sie ihr Leben lang eine ganz eigene Rolle spielen wird. So ist es Millionen von Kindern im Lauf der Zeit ergangen, und dennoch sind anständige Erwachsene aus ihnen geworden.

Mama ist psychisch krank

»

Ich habe mit großem Gewinn Ihre Bücher und Artikel gelesen und möchte Sie nun in einer persönlichen Angelegenheit um Rat fragen. Ich bin verheiratet, wir haben einen Sohn von 3 Jahren, und ein weiteres Kind kündigt sich bereits an. Neulich habe ich erfahren, dass ich an einer Bipolaren Störung, Typ II, leide. Ich hatte jahrelang mit heftigen Gefühlsschwankungen und Depressionen zu kämpfen und tue nun alles dafür, um völlig symptomfrei zu werden.
Ich habe gelesen, dass eine solche Erkrankung auch eine große Belastung für die anderen Familienmitglieder darstellt.
Kinder von depressiven Personen können sich abgewiesen und missachtet fühlen, da die depressive Person nur in eingeschränktem Maß auf das Zusammenspiel eingeht und leicht reizbar ist. Kann ich etwas tun, um das zu vermeiden? Und wenn ja – wie soll ich das einem 3-Jährigen vermitteln?
Ist es möglich, dass mein Sohn bisher noch nichts von meiner Krankheit gemerkt hat und auch noch nicht von ihr belastet wurde? Wegen seines munteren, extrovertierten Wesens ist er allgemein sehr beliebt. Ich sehe noch keinerlei Anzeichen einer Verhaltensauffälligkeit. Andererseits kann sich auch kaum jemand vorstellen, dass ich an einer Bipolaren Störung leide, da ich in sozialen Zusammenhängen und bei der Arbeit bestens »funktioniere«. Ich frage mich also, wann ein

geeigneter Zeitpunkt wäre, um den Kindern davon zu erzählen, und in welcher Form ich das tun sollte. Haben Sie einen Rat für mich? Schon mal vielen Dank im Voraus für Ihre Antwort!

Eine besorgte Mutter

Antwort von Jesper Juul:

Kinder von psychisch kranken Eltern müssen im Allgemeinen mit drei Gefühlen zurechtkommen: mit Schuld, Scham und einer übersteigerten sozialen Verantwortung. Diese drei Gefühle oder Arten, sich selbst wahrzunehmen, können zu einer langen Reihe von »Symptomen« führen, die dem inneren und äußeren Verhalten entsprechen und die Empfindung zum Ausdruck bringen, anders zu sein als die anderen Kinder (vor allem die Kinder der näheren Umgebung).

Ich habe keinen Zweifel, dass Sie Ihren Kindern von Ihrer Diagnose erzählen sollten; davon, was es für Sie persönlich heißt, Mensch zu sein im Umgang mit anderen Menschen. Kinder spüren und erleben absolut alles, was sich zwischen den Eltern abspielt.

Wenn Erwachsene Kindern keine Erklärungen liefern, bleiben diese ihrer Fantasie überlassen, und leider folgern sie allzu oft, dass mit ihnen selbst etwas nicht stimmt.

Deshalb gilt für einen psychisch kranken Erwachsenen genau dasselbe wie für einen gesunden Erwachsenen: Er muss sich so authentisch wie möglich verhalten und die Verantwortung für sich selbst und sein Verhalten übernehmen.

Wenn man dies tut, beugt man den beiden schlimmsten Konsequenzen vor: Schuld und Scham, die oft die existenzielle Grundlage für spätere Depressionen und selbstzerstörerisches Verhalten darstellen. Was auch bedeutet, dass Sie sich nicht selbst mit Schuld und Scham wegen Ihrer Krankheit belasten sollten. Dieser Bestandteil Ihrer Existenz beeinflusst nicht Ihren Wert als Mensch. Das Folgende ist sozusagen auf Sie und andere mit derselben Diagnose zugeschnitten, kann aber nicht ohne Weiteres auf andere psychische Leiden übertragen werden.

Vor allem für kleinere Kinder ist es schwierig, mit depressiven Phasen eines Erwachsenen umzugehen. Wenn wir deprimiert sind, ziehen wir uns in uns selbst zurück und erschweren es anderen, Kontakt mit uns aufzunehmen. Kinder bis zum vierten, fünften Lebensjahr haben eine natürliche Erwartung, dass ihre Eltern stets zugänglich und bereit sind, mit ihnen zusammen zu sein. Als Eltern müssen wir diese Erwartung zwangsläufig frustrieren – vor allem, nachdem ein Kind älter als anderthalb ist –, doch hat sich diese Frustration als wichtiger Baustein bei der Entwicklung kindlicher Empathie erwiesen.

Die Tatsache, dass Kinder enttäuscht und frustriert sind, wenn ihre Wünsche nicht sofort erfüllt werden, bedeutet nicht, dass sie »leiden« oder irgendeinen »Schaden nehmen«. Es bedeutet nur, dass sie zornig oder traurig sind, und dies sind für Kinder wichtige, konstruktive Erlebnisse.

Sie lernen, ihre eigenen Wünsche zu gewichten und anzuerkennen, dass andere Menschen ihre eigenen Grenzen und Begrenzungen haben – wichtige Bausteine dessen, was wir heute als »soziale Kompetenz« bezeichnen.

Als psychisch kranke Mutter stehen Sie natürlich der gegenwärtigen Tendenz entgegen, Kinder im Übermaß vor den eigenen Gefühlen zu »beschützen« und die kindlichen Gefühle zu problematisieren. Wenn Eltern diese Kombination aus übermäßigem Beschützerdrang und Gefühlszensur zugunsten einer farblosen pädagogischen Vernunft anwenden, haben ihre Kinder es schwer, die notwendige Lebenskompetenz zu erwerben. Lassen Sie es nicht zu, dass Ihr Selbstbild von dieser Tendenz negativ beeinflusst wird!

Es gibt eine Reihe von Dingen und Phänomenen, die dafür sorgen, dass Eltern zeitweise nur schwer zugänglich sind: Stress, Verliebtheit, Kummer, Psychopharmaka, Alkohol – um nur einige wenige Beispiele zu nennen. Für die notwendige Bindung zwischen kleinen Kindern und ihren Eltern ist der innere Rückzug oder die Egozentrik der Erwachsenen ein Problem, wenn diese Eigenschaften über einen längeren Zeitraum – mehrere Tage oder Wochen – hinweg andauern.

Daher ist es besonders wichtig, dass in dieser Zeit der andere Elternteil zuverlässig zur Verfügung steht.

Das sichert das kindliche Wohlergehen, und an der Beziehung des Kindes zu dem Erwachsenen, der sich in Schwierigkeiten befindet, kann in dessen »guten Phasen« gearbeitet werden.

Wenn Sie Ihrem ältesten Kind von Ihrer Situation erzählen, könnten Sie das etwa folgendermaßen formulieren: »Du hast ja bestimmt schon gemerkt, dass ich mich manchmal etwas merkwürdig verhalte. Entweder kommst du dann nicht so gut an mich ran, oder ich fahre schnell aus der Haut. Das hat nichts mit dir zu tun, sondern liegt an der Krankheit, die ich leider habe und die ich auch nicht so leicht loswerden kann. Es ist völlig in Ordnung, wenn du deswegen traurig oder böse auf mich bist, denn egal, wie es mir geht, so habe ich dich sehr, sehr lieb! Nur manchmal geht es mir eben am besten in meiner eigenen Höhle.«

Etwas Entsprechendes können Sie auch zu Ihrem jüngsten Kind sagen, wenn es ein paar Monate alt ist.

Das Wichtigste ist, dass Sie Ihre Kinder dabei als gleichwürdig ansehen und daher in Ihrer authentischen Erwachsenensprache und Mimik zu ihnen sprechen, als würden Sie das alles zu einer guten Freundin sagen. Die Antwort beider Kinder können Sie ihrer Körpersprache entnehmen.

Ihre Krankheit ist wie ein zusätzliches Kind in der Familie. Sie erfordert einige Aufmerksamkeit und Energie, sollte aber nicht die ganze Familie dominieren. Sie wird Ihre Familie und auch Ihre Kinder prägen, aber daran gibt es an sich nichts auszusetzen. Alle Eltern prägen ihre Familien.

In meiner langen Zeit als Familientherapeut bin ich noch nie zwei Familien begegnet, die genau gleich waren, und auch noch nie einer Familie, die quasi aus dem Lehrbuch stammte, was die Ziele und Definitionen der Experten betrifft. Einer neueren Untersuchung zufolge gibt es allein in Dänemark circa 40 000 bis 50 000 Erwachsene mit nicht diagnostiziertem ADHS. Im Gegensatz zu diesen Eltern besitzen Sie den großen Vorteil, Ihre Diagnose zu kennen und zu akzeptieren.

Das verschafft Ihnen die Möglichkeit, die umfassende Verantwortung für sich zu übernehmen. Genau das brauchen Kinder, den Rest schaffen sie schon allein.

Wenn Sie darüber hinaus ein intaktes Verhältnis zu sich selbst und Ihrem Partner bewahren, dann werden Ihre Kinder ein Zuhause haben, das vielleicht nicht dem Durchschnitt entspricht, doch wird ihnen gerade das helfen, sich zu flexiblen und kompetenten Menschen zu entwickeln. Viele Kinder psychisch kranker Eltern sind hin und wieder auf Hilfe von außen angewiesen – zum Beispiel in Gruppen mit anderen Kindern.

Freuen Sie sich über diese Möglichkeit, statt sich mit schlechtem Gewissen zu plagen.

Weder Tyrann noch Opfer

“

Mein Sohn ist weder ein Tyrann noch ein Opfer. Doch im Moment finde ich das Zusammenleben mit ihm sehr anstrengend.
Um es gleich zu sagen: Ich bin das, was manche als »strenge Mutter« bezeichnen würden – andere würden vielleicht sagen, dass ich meinen Kindern vieles erlaube. Aber die Taktiken mancher Eltern, die Sie in Ihren Büchern und Kolumnen ab und an beschreiben, zum Beispiel Kinder mit Lob, Süßigkeiten und symbolischen Auszeichnungen zu »bestechen«, habe ich selbst nie angewandt. Ich meine, dass ich jederzeit als sichtbare und klare Erwachsene in Erscheinung getreten bin, die ihre Grenzen und Bedürfnisse deutlich gemacht hat. Und es geschieht wirklich nie, dass ich den Kindern nach dem Mund rede, nur um einen Konflikt zu vermeiden.
Deshalb verstehe ich auch nicht, warum sich meine Kinder voller Elan in Konflikte stürzen, aus denen sie niemals siegreich hervorgehen! Dennoch kommt es bei uns inzwischen fast jeden Tag zu Spannungen und Streitereien, bei denen wir uns im Kreis drehen.
Ich hatte damit gerechnet, dass es mit der Zeit besser werden würde. Doch die Konflikte mit meinem 11-jährigen Sohn ufern stattdessen immer mehr aus und treiben mich in den Wahnsinn.
Er hatte mit verschiedenen Dingen zu kämpfen, den kleinen Geschwistern, die irgendwann die Bühne betraten und ihm weniger Raum lie-

ßen, mit der Scheidung seiner Eltern und so fort, aber er war immer ein gut gelaunter kleiner Kerl, witzig und klug. In den letzten Jahren scheint er jedoch eine Persönlichkeitsveränderung durchlaufen zu haben. Früher wirkte er frei und unabhängig und wusste stets etwas mit sich anzufangen, doch nun ist er konsumfixiert und macht einen völlig verwöhnten Eindruck, was absolut nicht der Fall ist!
Ich weiß, dass sich allzu verwöhnte Kinder später zu hilflosen und stets unzufriedenen Erwachsenen entwickeln, deshalb verwöhne ich meine Kinder auch nicht. Doch wenn man meinen Sohn an gewissen Tagen erlebt, könnte man glauben, er sei völlig verzogen, weil er in einer Tour meckert und quengelt.
Als ich zum Beispiel heute Nachmittag von der Arbeit nach Hause kam, zwei Kindergartenkinder auf dem Rücksitz und Einkaufstüten auf dem Vordersitz, stand er schon mit zwei Freunden auf der Treppe vor unserem Haus. Die beiden Freunde hatten ihn nach der Schule zu uns begleitet, obwohl einem von ihnen (nach ein paar unangenehmen Zwischenfällen) ausdrücklich verboten ist, zu uns zu kommen, wenn ich nicht da bin.
Der andere ist willkommen, wenn wir das zuvor verabredet haben. Mein Sohn kann mich jederzeit telefonisch erreichen und hat auch ein eigenes Handy, sodass er vorher anrufen kann, wenn ein Freund aus der Schule mitkommen will.
Da standen sie also alle drei auf der Treppe, und ich war kaum ausgestiegen, da brüllte mein Sohn mir schon entgegen: »Darf Lasse zum Vergnügungspark mitkommen? Du hast versprochen, dass wir heute zum Vergnügungspark fahren! Aber du musst für ihn bezahlen, weil er kein Geld hat.« (Ich würde niemals spontan ein solches Versprechen abgeben, schon gar nicht, wenn die betreffende Person dabei ist.) Aber mein Sohn ließ nicht locker. Ich versuchte, mit ihm ein paar Worte unter vier Augen zu reden, doch Andeutungen funktionieren bei Kindern in diesem Alter nicht.
Als ich ins Wohnzimmer kam, bemerkte ich außerdem, dass sie meinen Laptop benutzt hatten, um Computerspiele zu spielen. Das erlaube ich

ihm, wenn ich zu Hause bin und er mich vorher fragt. Doch ist ihm das ausdrücklich verboten, wenn er allein ist und irgendwelche Freunde zu Besuch hat – auf der Festplatte befinden sich zahlreiche wichtige Arbeitsdokumente, die ich weder vorzeigen noch verlieren darf. Meine Stimmung näherte sich also dem Gefrierpunkt, doch mein optimistischer Sohn ließ nicht locker und quengelte immer weiter, dass wir zum Vergnügungspark fahren sollten. Ich lehnte das mit der Begründung ab, dass sie in seinem Zimmer ein Riesenchaos veranstaltet und ohne Erlaubnis meinen Laptop benutzt hätten.

Doch statt um Entschuldigung zu bitten oder mit dem Aufräumen anzufangen, quengelte mein Sohn immer weiter. Auf meine Kritik ging er gar nicht ein, sondern richtete all seine Konzentration immer wieder auf die Frage, warum sein Freund nicht mitkommen dürfe und warum ich ihm nicht gleich vor dem Haus geantwortet hätte.

Er verfolgte mich bis auf die Toilette und rief sogar durch die geschlossene Tür hindurch, nachdem ich abgesperrt hatte. Ich kann es nicht ertragen, wenn jemand im unpassenden Moment belästigt wird – man nörgelt nicht, wenn der andere auf der Toilette sitzt. Genauso wenig nehme ich die Kinder beim Essen auf den Schoß oder wecke jemand grundlos auf, der friedlich in seinem Bett schläft. Grundbedürfnisse müssen respektiert werden. Ich habe für vieles Verständnis, doch im Zusammenleben mit anderen Menschen gibt es gewisse Spielregeln! Ich machte deutlich, wie verärgert ich war, dass Quengeln eine schlechte Angewohnheit ist und man im Allgemeinen viel mehr erreicht, wenn man ein wenig diplomatisch vorgeht, zum Beispiel zunächst sein Zimmer aufräumt. Doch mein Sohn schnappte sich einfach im Vorbeilaufen seine Jacke und lief mir entgegen: »Können wir jetzt losfahren? Die Eltern von Lasse sind einverstanden.«

Ich zählte bis zehn, ehe ich antwortete, nein, ich wolle erst zu Mittag essen. Außerdem wolle ich auf diesem Ausflug nicht die Verantwortung für ein anderes Kind übernehmen, schon gar nicht die finanzielle Verantwortung, und wolle darüber auch keine Diskussion bei offener Tür führen. Ich fügte hinzu, dass mir der Empfang ganz und gar nicht gefallen hätte, worauf er entgegnete: »Aber jetzt habe ich doch aufgeräumt.« Darauf ich: »Das sehe ich, aber ihr habt auch meinen Laptop benutzt.« Da rief er: »Das war eben ein Versehen. Außerdem willst du so was doch nicht bei offenen Türen diskutieren!«

So ging es immer weiter, und während ich Essen machte, sagte er: »Ich verstehe gar nicht, warum du immer noch sauer bist! Ich habe mich doch entschuldigt und mein Zimmer aufgeräumt.«

Darauf erwiderte ich, dass ich nicht verpflichtet sei, sofort wieder ein fröhliches Gesicht zu machen. Er bestimme nicht, wann alles wieder gut sei, ich könne sauer sein, solange ich will, wenn er gleichzeitig drei Regeln bricht. Das Wort »Entschuldigung« sei kein Zauberwort, mit dem man alle Kränkungen ungeschehen macht. Außerdem habe ich ihn darauf hingewiesen, dass seine penetrante Quengelei meine Bemühungen um Diskretion im Keim erstickt hätte.

Als ich endlich in der Lage war, mich in Ruhe um das Essen zu kümmern, und seine Freunde sehr wohl verstanden hatten, dass es keine Gratistour zum Vergnügungspark geben würde, gingen sie nach Hause. Mein Sohn kam immer wieder zur Tür herein und wollte wissen, ob ich noch sauer sei. An einem gewissen Punkt, über die Töpfe gebeugt, hatte ich nur noch einen einzigen Satz aus meinem Repertoire übrig: »Geh raus! Ich will jetzt zehn Minuten in Ruhe kochen und keine Fragen beantworten!«

Verstehen Sie? Die derzeit so populäre Verhandlungsmethode in der Erziehung ist zu einer Pest geworden. Kinder brauchen sich doch gar nicht mehr in andere Menschen hineinzuversetzen, weil die Verhandlungen auf oberflächlicher Ebene stattfinden: »Ich habe mich doch entschuldigt und mein Zimmer aufgeräumt, deshalb ist jetzt alles wieder gut und wir können in den Vergnügungspark fahren!«

Gleichzeitig werden die banalsten Dinge als Zumutung empfunden, zum Beispiel das Aufräumen des eigenen Zimmers oder dass man auf seine Sachen achtet. Dass kleinere Dinge mal verloren gehen, kann ich ja verstehen, aber Dinge, die ihm eigentlich sehr wichtig sind? Er hat jetzt vier Jahre hintereinander seine Armbanduhr kaputt gemacht oder verloren. Inzwischen weigere ich mich, ihm eine neue zu kaufen. Stets bekam er zum Schulbeginn eine neue Uhr, doch dauerte es nur wenige Wochen, bis sie kaputt oder verschwunden war und er für den Rest des Schuljahrs auf eine Armbanduhr verzichten musste.

Außerdem hat er ein Handy für weit über 100 Euro. Er hat es bekommen, nachdem er es sich mehrere Jahre gewünscht hatte, doch hat er es schon mehrmals irgendwo liegen lassen. Seine einzige Lehre daraus besteht bis jetzt darin, dass verlorene Gegenstände quasi von allein zurückkehren, weil freundliche Fremde meist dafür sorgen, wie in seinem Fall. Ich weiß gar nicht mehr, wie viele Trainingsanzüge und Badehosen im Lauf seiner Schulzeit verloren gingen.

Darüber hinaus mangelt es an den einfachsten und selbstverständlichsten Dingen: dass er das Schulbrot, das ich ihm gemacht habe, auch in seinen Ranzen steckt; dass er seinen Teller nach dem Essen in die Geschirrspülmaschine räumt (was wir inzwischen seit drei bis vier Jahren üben); dass er »Hallo« sagt, wenn er von draußen hereinkommt; dass er die Spülung betätigt und sich die Hände wäscht, nachdem er auf der Toilette war; dass er die Schuhe auf dem Flur zur Seite räumt (ich verlange ja gar nicht, dass sie im Schuhschrank landen, nur weg von der Haustür) oder – simpler geht's nicht – dass er die Tür hinter sich schließt! Vielleicht muss ich mir eine völlig neue Art und Weise des Umgangs mit meinem Kind angewöhnen.

Sie sagen, dass es falsch ist, dem Kind die Schuld zu geben, indem man strengere Grenzen und Regeln einführt. Sie sagen, Eltern sollen eher den eigenen Charakter kennenlernen und sich als Menschen definieren. Aber ich kenne mich selbst! Ich weiß ganz genau, wann ich genug habe, und an Klarheit gegenüber meinem Sohn lasse ich es bestimmt auch nicht vermissen!

Wenn er mich auf der Toilette stört und spät am Abend die Aufmerksamkeit auf sich ziehen will, obwohl er längst schlafen sollte, dann ist es so sicher wie das Amen in der Kirche, wie ich darauf reagiere: nicht positiv! Dann weise ich ihn ab. Ich habe ihm ganz unmissverständlich eine bestimmte Uhrzeit genannt, ab der ich jede Art der Hinwendung

an mich nur als Verzögerungstaktik begreife, aber er macht einfach weiter wie ein Elefant im Porzellanladen! Ich fühle mich wie ein Tonbandgerät, das immer wieder denselben Text abspult, auch heute wieder: »Du hast deine Antwort schon bekommen. Die Antwort lautet Nein. Ich brauche dir nicht zu sagen, warum ich kein Geld verleihe.«
Ich bin keine Neokonservative. Ich bin nicht auf eine Kindererziehung aus, die gehorsame Kinder und neurotische Erwachsene produziert. Aber ich verstehe nicht, dass es elf und mehr Jahre dauern soll, bis ein (überdurchschnittlich kluger) Junge lernt, die Tür hinter sich zu schließen, den Mund zu halten, wenn er die eindeutige Botschaft erhalten hat, dass es keine weiteren Diskussionen geben wird, oder eine Badehose mitzunehmen, wenn er ins Schwimmbad will.
Und Sie können mir glauben, dass ich meine Führungsrolle hinreichend wahrnehme. Doch sind wir dabei, uns so häufig zu streiten, dass ein normales Miteinander kaum mehr möglich ist.
Ich bin außerdem peinlich berührt und stocksauer, wenn diese ewige Quengelei in Gegenwart anderer Leute stattfindet.

Eine erschöpfte Mutter, die nicht mehr weiterweiß

Antwort von Jesper Juul:

Ich musste Ihren Brief ein wenig kürzen, obwohl er noch manche Episode enthält, die viele Eltern bestimmt wiedererkannt hätten. Meine erste Reaktion auf Ihre Geschichte ist Trauer. Ich bin ganz einfach traurig darüber, dass eine Mutter, die so viel Umsicht, Intelligenz und Engagement an den Tag legt, sich in der Situation befindet, die Sie beschrieben haben.

Das Verhalten Ihres Sohnes bedeutet, dass Sie sehr viel mehr Macht haben, als Sie ahnen, und dass er jeden Tag darum kämpfen muss, mit Ihnen auf Augenhöhe zu kommen. Ihre Macht hängt weniger von Ihren konkreten Entscheidungen oder von den Grenzen ab, die Sie definieren. All diese Dinge sind von gesunder Vernunft geprägt. Es geht mehr um Ihre Persönlichkeit – dass Sie in Ihrer Art, im Raum gegenwärtig zu sein, Macht verkörpern. Das können Sie an erwachsenen Freunden oder Kollegen testen, denn es betrifft nicht allein Ihre Rolle als Mutter.

Diese Doppelstruktur Ihrer Existenz – gesunde Vernunft und Macht – gibt Ihren Kindern drei Möglichkeiten: Sie können sich Ihrer Autorität unterwerfen, dagegen ankämpfen oder größtmöglichen Abstand halten. Ihr Sohn versucht dagegen anzukämpfen, was traurig ist, weil Sie dadurch beide verlieren.

Sie haben eine Erziehungsphilosophie, von der Sie felsenfest überzeugt sind, und sind doch täglich mit der Tatsache konfrontiert, dass sie in der Beziehung zu Ihrem Sohn nicht funktioniert.

Das ist für Sie natürlich traurig und demütigend. Darüber hinaus wird Ihr Sohn in ein Spiel hineingezwungen, in dem er *gegen* seine Mutter ankämpfen muss, statt *für* sich selbst kämpfen zu können, was ihn ebenfalls sehr traurig macht.

Er hat jede Menge Aufmerksamkeit, Liebe, Führerschaft und Erziehung bekommen, musste jedoch Ihr aufrichtiges Interesse dafür vermissen, wer er ist, wie er denkt und was seine Werte sind. Aus seiner Perspektive kann er in seiner Beziehung zu Ihnen nur verlieren. Es verhält sich so ähnlich, wenn Eltern ihre Kinder nötigen, sich zu entschuldigen, und ihnen postwendend vorwerfen, die Entschuldigung sei nicht von Herzen gekommen.

In praktisch all den Beispielen, die Sie nennen, versucht Ihr Sohn, Ihnen in Ihrer Spielhälfte zu begegnen, zu Ihren Bedingungen zu verhandeln. Doch erfüllt er fast nie Ihre Erwartungen, was bei

Kindern leider dazu führt, dass sie sich als Mensch minderwertig fühlen. Sie haben ihn über Empathie und Feingefühl belehrt, lassen dies im Umgang mit ihm aber vermissen, was Sie auf lange Sicht sowohl unglaubwürdig als auch manipulierbar macht.

Darum ist es Ihnen auch peinlich, wenn andere Ihre Konflikte miterleben. Die sind tatsächlich unter Ihrer Würde und Ihrem Niveau, doch ist es nicht Ihr Sohn, der dieses Niveau etabliert hat. Das Problem besteht nicht darin, was Sie tun oder wollen. Es ist die Art, *wie* Sie es tun, und wenn es so weit kommt, ist niemand von uns in der Lage, sich selbst zu sehen und zu hören.

Ich gehe davon aus, dass Sie zumindest teilweise völlig anderer Meinung sind als ich. Daher möchte ich Sie einladen, den Dialog mit mir fortzusetzen. Sie teilen Ihr Schicksal mit einer Reihe von Eltern, die Ihren Mut, Ihre Problematik zur Debatte zu stellen, durchaus zu schätzen wissen.

Auf diese Kolumne hin erhielt ich von anderen Lesern mehrere Zuschriften. Ich habe sie an die Mutter, die mir den verzweifelten Brief geschrieben hatte, weitergeleitet und möchte auch Ihnen ein paar davon vorstellen. Die Geschichte im dritten, sehr persönlichen und ausführlichen Kommentar halte ich für besonders wichtig. Ich hoffe sehr, dass die erschöpfte Mutter sich für die Meinung der Leser, die auch ich teile, öffnen konnte:

1. Kommentar: Sie wirken sehr streng, mit jeder Menge Regeln. Sie stellen Forderungen und haben klare Vorstellungen davon, welche (Ihrer) Regeln befolgt werden müssen. Und dann irritiert es Sie, wenn Ihr Sohn nicht alle diese Regeln versteht und akzeptiert. Sie sind von ihm enttäuscht, weil er Ihre Erwartungen nicht erfüllt. Das ist ein bisschen traurig. Seien Sie nicht so beleidigt. Stellen Sie nicht für alle möglichen Dinge Regeln auf. Und haben Sie nicht so ein negatives Menschenbild. Sie reden davon, dass er »quengelt« und Ihnen seine Freunde nicht passen. Sie lassen Ihren Laptop zu Hause stehen, auf dem sich wichtige »Arbeitsdokumente« befinden, und schimpfen dann mit Ihrem 11-jährigen Sohn, der ganz bestimmt nicht weiß, was Arbeitsdokumente sind.

Er ist ein Kind, hat aber eine eigene Persönlichkeit, die wohl weniger der Ihren entspricht, als Sie es sich vorgestellt haben.

2. Kommentar: Warum sagen Sie, dass er aus einem Konflikt mit Ihnen »niemals« siegreich hervorgeht? Hat er denn »niemals« recht? Ist das Ihr Prinzip – stets recht zu behalten, auch wenn Sie sich irren? Auch ein 11-Jähriger kann recht haben.

3. Kommentar: Für mich war es sehr nützlich, Ihren Brief zu lesen. Die andere Seite der Sache zu sehen. Ich bin mit einer Mutter aufgewachsen, die dieselbe Erziehungsmethode hatte wie Sie. Meine ältere Schwester hat darauf genauso reagiert wie Ihr Sohn. Wenn die beiden ihre Kämpfe ausgetragen haben, sind die Fetzen geflogen. Als meine Schwester dann in die Pubertät kam, sind die Probleme eskaliert. Sie respektierte die Regeln überhaupt nicht mehr, kam abends nicht nach Hause, schwänzte die Schule, fing an zu trinken. Als sie 18 wurde, zog sie in eine andere Stadt, weil sie es zu Hause nicht mehr aushielt. Danach ging es ihr wesentlich besser. Sie bekam einen Job, heiratete und hat heute zwei Kinder.

Unsere Eltern sieht sie nur sehr selten, vielleicht ein paar Mal im Jahr, und wenn meine Mutter und sie länger als eine Woche zusammen sind, dann fliegen erneut die Fetzen. Sie ist eigentlich genauso wie meine Mutter, also schrecklich dominant. Der einzige Unterschied besteht darin, dass sie sich dessen bewusst ist und versucht, etwas dagegen zu unternehmen.

Ich habe mich als Kind für einen anderen Weg entschieden – eine Mischung aus Unterwerfung und Distanz. Mein Leben ist später nicht sehr gut verlaufen, woran natürlich nicht allein meine

Mutter die Schuld trägt. Ich habe viele schlimme Dinge erlebt, mit denen sie eigentlich nichts zu tun hat. Dennoch muss ich immer wieder denken, dass die Dinge vielleicht anders verlaufen wären, hätte ich mich als Kind mehr geliebt gefühlt und wäre so akzeptiert worden, wie ich bin. Doch bin ich von meiner Mutter nur dann akzeptiert worden, wenn ich tat, was sie sagte. Vielleicht hätte sich meine Mutter andernfalls auch besorgt über meine Entwicklung gezeigt und diese stoppen können, statt einfach froh darüber zu sein, dass ich still und in mich gekehrt wurde. Lange Zeit kam ich damit gut zurecht. In der Schule bekam ich gute Noten, hatte immer ein perfekt aufgeräumtes Zimmer, nörgelte nie am Essen herum, und wenn Besuch kam, benahm ich mich vorbildlich.

Was meine Eltern nicht wussten, war, dass ich mir heimlich die Arme aufritzte, wenn die inneren Schmerzen zu groß wurden. Als ich 12 war, plante ich meinen ersten Selbstmordversuch. Das Schlimmste war eigentlich, dass ich von meinen Plänen abließ, weil ich wusste, dass mein Selbstmord meiner Mutter schrecklich peinlich sein würde – daran, dass Sie um mich trauern könnte, dachte ich nicht. Meine psychischen Leiden machten sich erstmals physisch bemerkbar, als ich 15 war. Plötzlich fiel ich immer wieder in Ohnmacht. Die Ärzte standen lange vor einem Rätsel, da mir körperlich nichts fehlte. Mit 19 begann meine psychiatrische Behandlung. Inzwischen hat man bei mir eine chronische Depression und eine dissoziative Störung diagnostiziert.

Meine Depression führt dazu, dass ich weniger leistungsfähig bin als andere; da ich jedoch hohe Leistungsanforderungen an mich selbst stelle, treibe ich mich immer wieder gnadenlos an. Das wiederum hat zur Folge, dass es meiner Psyche irgendwann »zu viel« wird und ich in Ohnmacht falle, wenn der Druck zu groß wird. Demzufolge habe ich nie irgendeine Ausbildung abschließen können. Wegen meiner guten Noten begann ich nach der Schule auf der Universität, hielt auch zwei Semester durch, in denen ich wieder gute Noten bekam, aber dann nahmen meine Schwindelanfälle so überhand, dass ich nicht mehr weitermachen konnte. Ich habe insgesamt vielleicht ein Jahr meines Lebens gearbeitet, immer wieder unterbrochen von Schwindelanfällen und Depressionen. Bald werde ich 27 Jahre alt und bin seit einem knappen Jahr krankgeschrieben. Besserung ist nicht in Sicht. Ich habe ein sehr geringes Selbstbewusstsein und das Gefühl, dass man mich nicht lieben kann. Glücklicherweise habe ich einen fantastischen Mann kennengelernt, der mit dieser Seite von mir zurechtkommt und die Tatsache erträgt, dass ich ständig die Bestätigung brauche, dass er mich auch wirklich liebt.

Meine Mutter hat mich einmal gefragt, was bei meiner Erziehung schiefgelaufen sei, warum ich so geworden bin, wie ich bin, und selbst damals schaffte ich es nicht, ihr ehrlich zu antworten. »Das hat nicht nur eine, sondern viele Ursachen. Es ist nicht deine Schuld«, war meine Antwort. Es ist wohl überflüssig zu erwähnen, dass wir ein sehr oberflächliches Verhältnis haben. Wir reden wie lose Bekannte miteinander.

Ich habe meine Geschichte nicht erzählt, um Ihnen wehzutun, sondern damit Sie verstehen, wie wichtig es ist, dass Sie in sich gehen und versuchen, die dominante Art Ihrer Erziehung zu verändern. Sehen Sie Ihre Kinder und zeigen Sie ihnen, dass Sie sie von Herzen so lieben, wie sie sind.

Ich stelle mir vor, was passiert wäre, hätte meine Mutter dieselbe Antwort von Jesper Juul bekommen wie Sie. Sie hätte alles empört zurückgewiesen. Bitte tun Sie das nicht.

Für die von Ihnen beschriebenen Situationen habe ich sogar einen praktischen Rat für Sie. Was Ihren Laptop angeht, richten Sie am besten ein Passwort ein, dann kann Ihr Sohn den PC ohne Ihre Hilfe nicht benutzen. Wenn Sie mal so viel zu tun haben, dass Sie beim besten Willen nicht mit Ihrem Sohn reden können, dann sagen Sie ihm, wann Sie wieder zugänglich sind. Und warum können Sie in Gegenwart des fremden Jungen nicht sagen, dass Sie das Geld nicht für ihn auslegen möchten?

Sprechen Sie »richtig« mit Ihrem Sohn, hören Sie gut zu, was er Ihnen zu sagen hat, und lassen Sie ihn ausreden.

Versuchen Sie, auch die positiven Dinge im Verhalten Ihres Sohnes zu sehen, und bestätigen Sie ihm das.

Natürlich ist es nicht Ihre Aufgabe, den Freund Ihres Sohnes mit durchzufüttern. Doch könnten Sie Ihrem Sohn trotzdem sagen, dass es an sich ein schöner Gedanke von ihm ist, den Freund einzuladen, damit auch er an dem gemeinsamen Spaß teilhaben kann. Andererseits muss er verstehen, dass Sie hart für das Geld arbeiten und dass er nicht so einfach darüber verfügen kann.

Ich selbst habe einen 4-jährigen Sohn, und wenn manchmal (kinderlose!) Freunde auf meine Erziehung reagieren, dann sagen sie, ich würde zu viel erklären. So wird meine Erziehung durch meine Mutter beeinflusst – ich tue das genaue Gegenteil von dem, was sie früher getan hat. Nie im Leben würde ich etwas mit den Worten begründen: »Weil ich es sage.« Was natürlich auch eine negative Seite haben kann, weil dies auch an meinen, ohnehin begrenzten Kräften zehrt. Ich glaube trotzdem, dass es das wert ist.

Schenken Sie Ihrem Sohn also Aufmerksamkeit, loben Sie ihn für seine positiven Eigenschaften, nicht nur für irgendwelche Fähigkeiten, und nörgeln Sie nicht an ihm herum. Niemand von uns ist perfekt, doch wenn man seine weniger positiven Seiten kennt, hat man die Möglichkeit, sie zu verändern.

Verantwortung

… müssen immer die Erwachsenen für die Qualität der Beziehung zu ihren Kindern übernehmen

Verantwortlichkeit beginnt bei jedem selbst

Verantwortung bedeutet, die persönliche Verantwortung zu übernehmen für unser eigenes Leben, für unser Handeln, für unsere Werte. Ebenso wichtig ist die soziale Verantwortung gegenüber anderen. Doch erst wenn es uns gelingt, für uns selbst die Verantwortung zu übernehmen, sind wir in der Lage, auch diese zu tragen.

Dies ist meiner Meinung nach ein entscheidender Punkt, denn es sind wir Eltern, die die Verantwortung für die Qualität der Beziehung zwischen uns und dem Kind tragen. Das bedeutet: Nicht das Kind, das sich partout nicht so verhalten will, wie wir uns das vorstellen, ist verantwortlich für die schwierige Atmosphäre in der Familie, sondern ausschließlich wir Eltern. Das Kind ist vielleicht der Auslöser, doch für die Rahmenbedingungen tragen immer wir Erwachsenen die Verantwortung.

Wenn Paare in der Beratung das schlechte Benehmen ihres Kindes schildern und sich als handlungsunfähig in einer verfahrenen Situation erleben, dauert es meist ein wenig, bis sie das einsehen können. Auch der Brief der Mutter, die mir wegen der Wutanfälle ihres 10-Jährigen schrieb, hat mir wieder vor Augen geführt, wie wichtig die Einsicht ist, dass diese Verantwortung mit Kindern weder geteilt noch an sie delegiert werden kann. Sie bleibt ausschließlich beim erwachsenen Elternteil.

Seit Generationen gehört es leider zum Selbstverständnis der Erwachsenen, dass es ihr Verdienst ist (oder der Erfolg ihrer Methode), wenn die Beziehung zu ihrem Kind gut verläuft. Und dass es die Schuld ihres Kindes ist, wenn die Beziehung zu ihm schwierig verläuft. Vor weniger als einer Generation waren sich alle Erwachsenen in dieser Hinsicht einig. Kinder, die sich nicht fügten, wurden bestraft. Der Versuch, unsere Kinder zu biegen, führt jedoch immer dazu, dass die Beziehung einen Schaden erleidet, manchmal drohen die Kinder dabei zu zerbrechen.

Umso wichtiger ist es, dass wir diese Zusammenhänge verstehen. Die meisten Kinder entwickelten damals Angst. Im Rückblick wird diese heute oft mit Respekt verwechselt, den viele Eltern manchmal vermissen – genauso wie soziale Kompetenz. Doch das ist wieder nicht der Fehler der Kinder, sondern hat lediglich mit der mangelnden Führungsqualität ihrer Eltern zu tun.

Kinder können zwar nicht die Verantwortung für die Qualität ihrer Beziehungen übernehmen, aber sie werden mit der Fähigkeit geboren, persönliche Verantwortung für sich zu übernehmen: Ein Baby, das keinen Hunger hat, kann seinen Körper versteifen und den Kopf abwenden, es kann schreien, wenn ihm zu warm ist. Kleine Kinder können Essen zurückweisen, das ihnen nicht schmeckt, oder ihre Kleidung selbst aussuchen. Sie können also gewisse Grenzen und Bedürfnisse deutlich machen, doch sie können sich nicht gegen den Willen ihrer Eltern schützen, wenn diese die persönliche Kompetenz und Verantwortung ihrer Kinder nicht anerkennen. Um ihre Eigenverantwortung weiterentwickeln zu können, sind sie ganz von ihren Eltern und deren wohlwollender Einstellung dazu abhängig.

Meiner Erfahrung nach entwickeln Kinder, die von ihren Eltern in ihrer Eigenverantwortung gefördert werden, fast von allein soziale Verantwortung und Eigenschaften wie Hilfsbereitschaft, Empathie, Rücksichtnahme und Respekt. Das funktioniert aber nur dann, wenn sie soziale Verantwortung im täglichen Umgang mit ihrer Familie erlernen, weil die Eltern authentisch sind und diese vorleben.

Gemeinsames Heim oder Hotel?

“

Wir haben einen 16-jährigen Sohn, der kommt und geht, wie es ihm passt, nie Bescheid sagt, ob er zum Abendessen da sein wird oder nicht. Der aber von mir verlangt, dass ich mich um seine schmutzige Wäsche kümmere, sein Bett neu beziehe und ihn herumkutschiere.
Mein Mann und ich waren eigentlich immer der Meinung, dass unser Sohn zu Hause keine besonderen Pflichten zu erledigen braucht. Solange er in der Schule gut zurechtkam und gesunden Hobbys nachging, haben wir gerne für den Rest gesorgt. Doch jetzt finden wir, dass er alt genug ist, seinen Beitrag zu leisten. Fast täglich gibt es deshalb Streit, und das belastet mich sehr. Verlangen wir tatsächlich zu viel?

Eine verunsicherte, unglückliche Mutter

”

Antwort von Jesper Juul:

Viele Eltern sind unsicher, welche Forderungen sie an ältere Kinder stellen sollen, die noch zu Hause wohnen. In all meinen Jahren als Familientherapeut habe ich von frustrierten Eltern immer wieder gehört: »Er/sie glaubt wohl, in einem Hotel zu wohnen!« Daraufhin gebe ich meist die ein wenig schroff klingende Antwort, dass junge Leute dies nur tun, wenn ihre Eltern ihnen auch nicht mehr angeboten haben, als ein Hotel tut – also guten Service. Kinder kooperieren mit dem inneren und äußeren Verhalten ihrer Eltern, und wenn man als Dienstleister seiner Kinder auftritt und diese wie Gäste behandelt, dann werden sie sich nach und nach mit dieser Rolle zufriedengeben.

Natürlich ist das in gewisser Weise zutiefst ungerecht. Schließlich lieben die Eltern ihre Kinder und lassen ihnen all ihre Fürsorge zukommen – beides Qualitäten, die ein Hotel nicht zu bieten hat. Das Problem besteht darin, dass die Liebe der Eltern auf eine Art zum Ausdruck kommt, an die Kinder sich gewöhnen. In so einer Familie haben sich die Eltern dazu entschieden, ihre Liebe in Form von Dienstleistungen zum Ausdruck zu bringen, doch Dienstleistungen haben nichts mit Liebe zu tun. Service ist Service.

Aus Sicht der Eltern mag dieser Service durchaus von Herzen kommen, doch enthält er nicht die Nährstoffe, die Kinder brauchen, um sich gesund zu entwickeln. Mit anderen Worten: Die Absicht war gut, aber wenig durchdacht. In einer Familie mit nur einem Kind können die Eltern die anfallenden Aufgaben des Alltags ohne Weiteres allein erledigen, ohne die Hilfe ihres Kindes in Anspruch zu nehmen. Bei mehreren Kindern sieht die Sache schon anders aus. Früher sagte man, es sei gesund, Pflichten zu haben, was ebenso richtig wie falsch ist. Für Kinder ist es gesund, zu erleben, dass ihr Einsatz für die Gemeinschaft von Bedeutung ist. Pflichten um der Pflichten willen haben jedoch wenig Sinn.

Ihr 16-jähriger war, als er noch klein war, sicher genauso hilfsbereit und darauf aus, einen Beitrag für die Gemeinschaft zu leisten, wie alle anderen Kinder. Doch Sie meinten, er solle lieber seinen Hobbys nachgehen, die Hausaufgaben machen, Fußball spielen und mit seinen Freunden zusammen sein. Sie wollten unbedingt einen wertvollen Beitrag zu seinem Leben leisten, haben jedoch übersehen, dass auch er das Bedürfnis hat, sich wertvoll für die Gemeinschaft zu fühlen. So ist es oft mit uns Eltern. Wir sind so darauf fixiert, was wir unseren Kindern geben können und sollten, dass wir ihr Bedürfnis übersehen, uns etwas zu geben – um ein Gleichgewicht in der Beziehung herzustellen.

Es ist wichtig, Kindern die Möglichkeit zu geben, sich aktiv an der Gemeinschaft zu beteiligen. Sie brauchen jedoch Aufgaben und keine Pflichten aus einer pädagogischen Maßnahme heraus, um Selbstrespekt zu erlangen und um ihre Persönlichkeit, soziale Verantwortung sowie ihr Selbstwertgefühl zu entwickeln. Je jünger Kinder sind, umso wichtiger ist es, dass Eltern ihnen nicht zu viele Pflichten und feste Abmachungen abverlangen, auch wenn die Mutter oder der Vater ein großes Bedürfnis nach Struktur und Ordnung hat. Kinder sind umso hilfsbereiter, je mehr ihre Hilfe einen konkreten Sinn hat und je weniger sie als reine Pflicht auferlegt wurde.

Wenn Kinder acht oder neun Jahre alt werden, trägt ihr Beitrag zur Gemeinschaft oft alle Zeichen des Widerwillens, doch davon sollten wir uns nicht irritieren lassen. Das bedeutet nur, dass es so vieles gibt, das sie lieber täten. Die Aufgaben, die das eigene Zuhause betreffen, sind am unattraktivsten, und das ist auch völlig in Ordnung so. Sie brauchen auch keine Lust zu haben, sollen aber dennoch weiterhin einen sinnvollen Teil zur Gemeinschaft beitragen.

Denn auf lange Sicht hat niemand Freude daran, als Einziger in der Gruppe mit einer Freikarte unterwegs zu sein.

Wenn die Kinder älter werden, kann man mit ihnen über die Art der Tätigkeit oder die Menge der Aufgaben verhandeln, doch ist es wichtig, dabei so konkret wie möglich seine Erwartungen zu äußern.

Von einem 16-Jährigen kann man beispielsweise guten Gewissens verlangen, dass er sich um seine eigenen Dinge kümmert – dass er sich sein Essen oder auch das Essen für die ganze Familie zubereitet, dass er seine Kleidung in Ordnung hält (waschen, trocknen, bügeln), seiner Arbeit nachgeht oder seine Hausaufgaben macht, sein Zimmer sauber hält und für seine eigene Mobilität sorgt.

In Ihrer Familie sind ein paar ernste Gespräche fällig, in denen Sie die Verantwortung für Ihre Fehler übernehmen sollten.

Gleichzeitig dürfen Sie Ihrem Sohn nicht vorwerfen, dass er mit Ihrer Form der Liebe kooperiert hat. Kinder aller Altersstufen kooperieren mit ihren Eltern, das ist leider ganz normal. Sie passen sich an und übernehmen die Rollen, die gebraucht werden oder die ihre Eltern ihnen (oft unwissentlich) anbieten.

Wenn Sie ab jetzt Ihre Führungsrolle übernehmen und konkret Ihre Erwartungen formulieren, wird Ihr Sohn in dreifacher Hinsicht profitieren: Erstens wird er lernen, Eigenverantwortung zu übernehmen, zweitens trägt er etwas zur Gemeinschaft bei, und drittens lernt er, dass Liebe nicht nur nehmen heißt, sondern auch geben. Die meisten Mädchen lernen dies, wohingegen selbst emanzipierte Mütter dazu neigen, ihre Söhne zu Persönlichkeiten zu erziehen, mit denen sie ihre Töchter ungern verheiratet sehen möchten. Oftmals sekundiert von passiven Vätern, die schlechte Beispiele abgeben.

Eine solche Veränderung im Verhältnis zwischen Eltern und Kindern verlangt den Eltern viel ab. Doch ich habe noch nie erlebt, dass die Kinder nicht binnen kürzester Zeit mit der neuen Situation zurechtkamen, wenn ihre Eltern authentisch in ihrem neuen Verhalten waren. Die Eltern hingegen empfinden oft eine Art Leere, weil sie erst neue Wege finden müssen, um ihre Liebe und Fürsorge zum Ausdruck zu bringen. Falls es Ihnen auch so ergeht, versuchen Sie es positiv zu sehen, denn dies ist nur ein weiteres Beispiel dafür, wie Kinder die persönliche Entwicklung ihrer Eltern inspirieren.

Der Vater muss auf die Bühne!

“

Ich bin Mutter von drei Kindern, die Älteste ist schon ausgezogen, zu Hause wohnen weiterhin der 14-jährige Arne und der 10-jährige Marius. Ihr Vater ist nur selten zu Hause, ein Großteil der täglichen Arbeiten bleibt also an mir hängen.
Mir macht derzeit die Entwicklung von Arne Sorgen. Er ist immer ein wissbegieriger und aufgeweckter Junge gewesen. Seine ersten vier Schuljahre hat er auf einer internationalen Schule verbracht, wo es ihm sehr gut gefallen hat. Vor vier Jahren sind wir nach Norwegen zurückgekehrt, woraufhin sich sein Schulalltag sehr veränderte. Er wurde von Lehrern und Schülern als Nerd betrachtet, weil er in den meisten Fächern viel mehr konnte als seine Klassenkameraden. Außerdem war er es gewohnt, das zu tun, was die Lehrer von ihm verlangten, ohne zu protestieren. Er hat lange gebraucht, um sich zurechtzufinden, doch im Laufe der dreijährigen Mittelstufe hat er sich allmählich dem Stil der Klasse angepasst, wurde also immer nachlässiger und lustloser, was seine schulischen Pflichten anging.
Diese Grundeinstellung färbte dann auf die meisten Lebensbereiche ab. Er tut nicht mehr als unbedingt nötig. Die Hausaufgaben werden ignoriert, er kleidet sich schlampig, räumt nicht mehr auf und hilft auch nie im Haushalt, wenn man ihn nicht ausdrücklich darum bittet. Die einzigen Dinge, für die er sich noch interessiert, sind Computer-

spiele, Skifahren und das Zusammensein mit seinen Freunden. Ich bin ziemlich verzweifelt und habe das Gefühl, dass er seine Talente verschleudert. Eigentlich möchte ich zu Hause kein straffes Regiment führen, doch ich denke, dass ich einen anderen Kurs einschlagen muss. Im Moment lebt er nur im Hier und Jetzt und sieht nicht die langfristigen Konsequenzen, die sein Verhalten haben wird. Was kann ich tun?

Eine besorgte Mutter

Antwort von Jesper Juul:

Es ist schwierig, Ihnen zu helfen, ohne Ihre Familie genauer zu kennen. Lassen Sie mich dennoch ein paar Überlegungen anstellen, die sich unter anderem auf meine mehrjährige Zusammenarbeit mit Diplomatenfamilien und die Schwierigkeiten beziehen, die damit verbunden sind, alle vier Jahre das Milieu zu wechseln und später in sein Heimatland zurückzukehren. Doch zuerst will ich etwas zu Arne und seinem Vater sagen.

Die allermeisten Kinder haben zu einem Elternteil eine besondere Verbindung, was nichts mit Liebe oder dem alltäglichen Kontakt zu tun hat. In aller Kürze bedeutet dies, dass ein Kind in der Beziehung zu diesem Elternteil lernen muss, sein Leben und seine Existenz näher zu bestimmen. Steht dieser Vater oder diese Mutter nicht zur Verfügung, dann muss das Kind irgendwie allein klarkommen. Der andere Elternteil kann dies nicht kompensieren. Ich vermute, dass Ihr älterer Sohn eine solche Verbindung zu seinem Vater hat. Vielleicht *vermisst* er seinen Vater in emotionaler Hinsicht, vielleicht nicht, doch vor allem *fehlt* er ihm – als Inspirationsquelle und gegenwärtiges Rollenmodell. Das gilt insbesondere für die Pubertät, da er ja nicht von seiner Mutter lernen kann, wie es ist, ein Mann zu sein. Selbst die liebevollste Mutter kann die ständige Abwesenheit eines Vaters nicht kompensieren. Es wäre also das Beste, wenn Ihr Mann öfter präsent wäre – nicht als Erzieher, sondern als erwachsener Kamerad und Hauptbezugsperson.

Ihr Sohn wird dieses Bedürfnis zum ersten Mal stark empfunden haben, als Sie nach Norwegen zurückgekehrt sind. Die internationalen, amerikanisch geprägten Schulen haben eine ganz andere Kultur als die nordischen Schulen und legen größeren Wert auf Leistung und Ehrgeiz. Unsere nordischen Schulen sind oft nicht besonders gut darin, solchen Kindern ein sinnvolles fachliches Angebot zu unterbreiten und die sozialen Prozesse zu fördern. Ihr Mann hat diesen Integrationsprozess offenbar Arne und Ihnen überlassen. Bei Arne hat das zu großer Einsamkeit geführt, weshalb er insbesondere die Nähe zu seinen Freunden sucht. Damit will ich Ihren Einsatz als Mutter nicht abwerten, sondern bloß feststellen, dass diese Aufgabe nur Arnes Vater gemeinsam mit seinem Sohn lösen könnte.

Dieselbe Mitteilung hat Ihr Sohn seiner Schule zukommen lassen: Wenn ihr mich und meine Bedürfnisse nicht ernst nehmen könnt, warum sollte ich dann eure Forderungen erfüllen? Er behandelt die Schule ganz genau so, wie die Schule ihn behandelt hat. Wir Erwachsene mögen das als kurzsichtig empfinden, logisch ist es allemal.

Ich wage die Hypothese, dass Ihr Mann (wie so viele andere Männer) mehr für die Zukunft lebt als in der Gegenwart, was sowohl für die Qualität seines eigenen Lebens als auch seiner Familie wenig konstruktiv ist. Daher ist es in gewisser Weise klug und logisch, dass Arne sich für die entgegengesetzte Lebenseinstellung entscheidet. Nicht als bewusster Protest, sondern als logische Folge dessen, dass er seinen Vater in wichtigen Phasen seiner Entwicklung entbehren musste. Er verschleudert seine Talente und setzt seine Ausbildung aufs Spiel, doch in existenzieller Hinsicht tut er das Beste, was er kann: Er akzeptiert seine familiäre Einsamkeit, ohne seine Familie anzugreifen oder zu zerstören, und konzentriert sich auf das, was seinem Leben einen Sinn verleiht. Vielleicht meistert er sein Leben derzeit nicht sonderlich intelligent, aber doch sehr klug! Ich bin guter Hoffnung, dass er in drei, vier Jahren in der Lage sein wird, sich konstruktiver zu verhalten, sofern Sie und Ihr Mann seine Einsamkeit akzeptieren und anerkennen – mit der logischen Folge, dass er seine eigenen Entscheidungen treffen darf. Ihre äußerst wichtige Rolle besteht darin, dass er dies nicht *allein* tun muss. Sie können für ihn da sein, wenn es wehtut und er selbst um Fürsorge bittet. Sie dürfen bloß nicht überkompensieren, indem Sie ihm einen allzu großen Service bieten!

Wenn Sie etwas ändern wollen, können Sie das nicht allein tun. Falls das, was ich geschrieben habe, für Sie überhaupt einen Sinn ergibt, schlage ich vor, dass Sie einen Familienrat einberufen und Ihrem Mann und Ihren Kindern dies alles laut vorlesen. Machen Sie die Reaktionen und Kommentare zum Ausgangspunkt eines Dialogs.

Für Ihren Mann ist es niemals zu spät, ein Teil des Lebens seines Sohnes zu werden, doch nur, wenn er es selbst vermisst! Er sollte auf keinen Fall »Vater spielen«, um seinen Sohn auf den richtigen Weg zu bringen.

Vielleicht hat Ihr Mann nicht mehr anzubieten, als er bisher getan hat. In diesem Fall muss Arne eben akzeptieren, einen solchen Vater zu haben, und eine Einstellung dazu finden. Das macht Ihren Mann nicht zu einem schlechten Menschen oder einem unfähigen Vater, doch muss er die Verantwortung für das übernehmen, was er *nicht* ist, und so seinem Sohn ermöglichen, seinen eigenen Weg zu finden. Derzeit ist es Vater und Sohn gemeinsam, dass ihnen ihr Lebensstil wichtiger ist als das Leben selbst – dass sich ihre Lebensstile fundamental voneinander unterscheiden, ist logisch. Sie müssen als Familie entweder lernen, damit zu leben, oder Arne zu Ihrem schwarzen Schaf erklären. Ich hoffe, Sie entscheiden sich zu Arnes Wohl.

Verbrechen und Strafe

“

Ich habe einen wunderbaren 6-jährigen Sohn, der Oscar heißt. Meine Ex und ich hatten eine ziemlich turbulente Beziehung und haben uns vor dreieinhalb Jahren getrennt. Was jedoch immer hervorragend lief, war die Kindererziehung. Gemeinsam hatten wir ein Fundament aus Werten, das bewirkt hat, dass es in der Erziehung nur selten zu Konflikten kam. Wir wohnen beide nur zehn Minuten voneinander entfernt und in der Nähe von Oscars Schule.
Doch neulich hat es einen schwerwiegenden Zwischenfall gegeben: Seit September letzten Jahres bin ich Hockeytrainer für eine große Gruppe von Jungen. Jeden Dienstag war Training, und einmal im Monat haben wir ein kleines Turnier veranstaltet. Nächsten Sonntag ist das letzte Turnier dieser Saison, danach wollen wir gemeinsam mit allen Eltern und Kindern (insgesamt 45 Personen) eine Pizzeria besuchen. Oscars Mutter hat sich weder beim Training noch bei einem der sechs Turniere blicken lassen, die den Winter hindurch stattgefunden haben.
Am Donnerstag letzte Woche hat sich Oscar im Hort, den er nach der Schule besucht, ziemlich schlecht benommen. Er stand ewig auf einem Stuhl und wollte nicht runterkommen, obwohl er mehrfach dazu aufgefordert wurde. Wenn die Betreuer ihn angesprochen haben, hat er nur gelacht und demonstrativ gerülpst, als er zurechtgewiesen wurde. Ein Benehmen, das man wirklich nicht tolerieren kann.

Als Oscars Mutter mir erzählte, was passiert ist, hatte sie schon eine Strafe für den Jungen verhängt, die unter anderem darin bestand, dass er am nächsten Sonntag nicht beim Turnier mitspielen und auch nicht mit zum gemeinsamen Pizzaessen kommen darf. Ich habe ihr gesagt, dass ich es nicht richtig finde, dass sie ihm zur Strafe die Teilnahme an einer so positiven Aktivität verbietet. Bis zum Sonntag sind es noch vier Tage, und die Strafe trifft ihn sehr hart. Außerdem betrifft sie auch noch seine Mannschaft, die auf einen Spieler verzichten muss.
Hätte ich meinen Sohn selbst vom Hort abgeholt und von seinem Benehmen erfahren, hätte ich niemals eine Strafe verhängt, die das Leben seiner Mutter berührt. Außerdem bezweifle ich, dass so eine Strafe auch nur die geringste Auswirkung auf sein zukünftiges Betragen hat. Ich glaube eher, dass man seine Kinder immer wieder dazu anhalten sollte, in Ruhe zuzuhören, wenn Lehrer, Hortbetreuer oder Trainer zu ihnen sprechen. Was meinen Sie, Jesper?

Ein sehr frustrierter Vater

Antwort von Jesper Juul:

Das ist eine spannende Frage, mit der sich viele Eltern tagtäglich konfrontiert sehen. Die Idee von Strafen als notwendiges und konstruktives Erziehungsmittel verliert bei vielen Erwachsenen nur sehr langsam an Einfluss, und solange das der Fall ist, besteht Grund genug, den Charakter und die Wirkung von Strafen näher zu betrachten. Wenden wir uns also zunächst Oscars »Verbrechen« zu: Er hat sich auf einen Stuhl gestellt, was offenbar den Regeln im Hort widerspricht. Man will ihn dazu bringen, herunterzusteigen, doch er bleibt stehen und lacht. Ich nehme an, dass sich die Hortbetreuerin dadurch provoziert fühlte, weil sie Oscars Verhalten als

Respektlosigkeit ansah. Doch bei Kindern bis zum achten Lebensjahr ist das selten der Fall. Oscar ist auf den Stuhl gestiegen, weil das Teil eines Spiels war oder weil er mit ihr spielen wollte. Ihre kritische Reaktion überraschte ihn und machte ihn verlegen – deshalb lachte er, statt zu weinen. Für einen Pädagogen, der sich über kindliche Reaktionsweisen und Gedankengänge im Klaren ist, hätte die Sache hiermit beendet sein können. Oscar hat eine Grenze überschritten und ist zur Ordnung gerufen worden. Seine Reaktion zeigte, dass er das verstanden hat und nur versuchte, aus dem Konflikt herauszukommen, ohne das Gesicht zu verlieren. Doch die Betreuerin entschied sich dafür, den Fall vor den »Obersten Gerichtshof« zu bringen, der dann das Strafmaß festsetzte.

Es ist eine alte Unart von Pädagogen und Lehrern, dass sie selbst keine Verantwortung oder Mitverantwortung für die Konflikte übernehmen wollen, die sie mit Kindern haben. Ich nenne es eine Unart, weil der Konflikt ihrem spezifischen Verhältnis zu dem jeweiligen Kind entspringt, weshalb sie das Problem auch miteinander lösen sollten. Es ist schon in Ordnung, die Eltern zu informieren, doch sollte man ihnen nicht die Funktion eines Gerichts zuweisen. Wenn man dies tut, schwächt man den Respekt des Kindes, statt ihn zu stärken, und sorgt dafür, dass es vor allem seine Strafe im Blick hat, statt über sein »Verbrechen« nachzudenken. Ein solches »management by fear« mag die Gehorsamkeit des Kindes erhöhen, doch wird es langsam, aber sicher den Respekt vor dem Erwachsenen und dessen Regeln verlieren.

Oscars Mutter hat sich für eine Bestrafungsmethode entschieden, die der amerikanische Fernsehpsychologe Dr. Phil populär gemacht hat: dem Kind etwas wegzunehmen, das ihm viel bedeutet. Eine scheinbar humanere Variante des alten »Wie du mir, so ich dir«. Diese Methode ist primitiv und erspart den Eltern jegliches Schuldgefühl, weil sie glauben, der »Gerechtigkeit« Genüge getan zu haben. Genauso argumentieren 2-Jährige im Sandkasten: »Der da hat angefangen!« Was also sollte man tun? In diesem Fall hätte ich mich zu

Oscar gesetzt und ihn gefragt, was passiert ist und wie es zustande kam. Nicht um ihn zu verhören, sondern um die grundlegende Tatsache anzuerkennen, dass es bei jedem Konflikt verschiedene »Wahrheiten« gibt. Wenn ich sehe, dass der Konflikt Oscar berührt hat, kann ich mich damit begnügen, ihn zu umarmen und eventuell zu sagen: »Ja, ja, dann hast du bestimmt was dazugelernt.«

Wenn nicht, könnte ich sagen: »Jetzt habe ich es verstanden, aber ich will, dass du dich nach dem richtest, was die Betreuer im Hort sagen.« Traditionellerweise folgt noch der Zusatz: »Wenn nicht, dann …«, aber das ist eine selbstdestruktive Aussage, deren Botschaft lautet: »Ich bin mir nicht sicher, ob du mich oder meine Ansicht ernst nimmst, deshalb drohe ich dir jetzt mit etwas, vor dem du Angst hast.« Statt die eigene Autorität gegenüber dem Kind zu stärken, schwächt man sie. Und statt positive Erwartungen zum Ausdruck zu bringen, äußert man negative.

In den Erwartungen, die Erwachsene an Kinder richten, liegt viel Macht, weil die Kinder diese erfüllen wollen.

Natürlich haben Sie recht, dass Oscars Mutter eine Dummheit begangen hat, indem sie eine Strafe verhängt hat, die auch Ihren Lebensbereich betrifft, das sollten Sie ihr klarmachen. Wenn sie Ihrem Sohn Respekt vor den Grenzen anderer Menschen vermitteln möchte, sollte sie sich bemühen, ein gutes Vorbild zu sein!

Falls sie auch in Zukunft zu solchen Strafmaßnahmen greift, können Sie wohl nicht viel dagegen tun. Sie können Oscar darauf aufmerksam machen, dass Sie sich mit seiner Mutter nicht einig sind. In diesem Punkt würde Oscar also mit zwei verschiedenen Philosophien aufwachsen. Daran gewöhnen sich Scheidungskinder jedoch in der Regel ziemlich schnell, und oft wird dies zu ihrer eigenen Stärke, wenn sie später einmal selbst Kinder haben.

Kontrolle oder Vertrauen

“

Ich bin eine Mutter von 36 Jahren, die nicht mehr aus noch ein weiß. Ich habe eine sich gut entwickelnde Tochter von 15½ Jahren, mit der ich in einem Konflikt liege. Sie hat einen Freund gefunden, der 18 Jahre alt, anscheinend anständig und fleißig ist und aus dem Nachbarort kommt. Meiner Tochter zufolge sind sie beide kein Paar, sondern bloß gute Freunde. Da er schon den Führerschein hat, holt er sie öfter ab und bringt sie nach Hause.
Beide sind aktive und ernsthafte junge Leute, und am Wochenende will sie ihn zu einem Abendessen begleiten, das im Kreis seiner Arbeitskollegen stattfindet.
Das Problem besteht darin, dass sie bei ihm (auf dem Sofa) übernachten will, sollte es einmal spät werden, denn sie möchte auch dabei sein, wenn er anderen Aktivitäten nachgeht, zum Beispiel Fußball spielt.
Ich habe sofort Nein gesagt und ihr den üblichen Vortrag über Sex, Schwangerschaft und so fort gehalten. Sie war sehr traurig und enttäuscht, aber auch böse, weil sie mir vorwarf, ihr nicht zu vertrauen. Sie wiederholte, dass sie nicht mit ihm geschlafen habe und er vorläufig nur ein guter Freund sei, der sie respektiere und ihr – ohne Hintergedanken – ein aufrichtiges Interesse entgegenbringe.
Was soll ich tun? Wann darf man ein Mädchen bei einem Jungen übernachten lassen? Ich habe ihren Freund noch nicht kennengelernt, der

wie gesagt aus dem Nachbarort kommt, aber ich kenne seine Familie. Mein Lebensgefährte, der nicht ihr Vater ist, meint, ich sei zu streng, habe zu wenig Einfühlungsvermögen und würde nur dafür sorgen, dass sie sich von mir distanziert, wenn ich ihr verbieten würde, hin und wieder bei ihm zu übernachten. Er meint auch, dass ich zu wenig Vertrauen in sie hätte und ihr mit meiner kategorischen Weigerung jede Lust nehme, sich mir anzuvertrauen oder auch nur ehrlich mir gegenüber zu sein. Helfen Sie mir bitte!

Freundliche Grüße von einer verzweifelten und ratlosen Mutter

Antwort von Jesper Juul:

Ich muss Ihrem Lebensgefährten weitgehend recht geben. Ich weiß nicht, ob Sie Ihrer Tochter tatsächlich misstrauen, doch jedenfalls zeigen Sie ihr nicht das, was alle Jugendlichen in diesem Alter mehr als alles andere von ihren Eltern brauchen: Vertrauen, Vertrauen und nochmals Vertrauen!

In den ersten 13 bis 16 Lebensjahren haben wir Macht über unsere Kinder, doch dann kommt der Tag, an dem sie uns in die Augen sehen und sagen: »Jetzt ist es genug, Mama! Jetzt übernehme ich die Kontrolle und die Verantwortung für mein eigenes Leben – ob dir das nun passt oder nicht!«

Aber soll man Jugendlichen denn tatsächlich keine Grenzen setzen?

Doch, das kann man machen, wenn es dem eigenen Temperament und der eigenen Lebensphilosophie entspricht, doch wenn man ein gesundes Kind großgezogen hat, muss man damit rechnen, dass es sich irgendwann selbst zum Chef macht. Das kann als Folge einer Konfrontation geschehen, die Sie erlebt haben, oder es vollzieht sich in einem schleichenden, ganz und gar undramatischen Prozess. In allen Untersuchungen, in denen Jugendliche zum Thema Eltern und Grenzen befragt werden, antworten die Jugendlichen, dass sie das Engagement ihrer Eltern zu schätzen wissen, dass Grenzen jedoch immer auf Vertrauen und der Einsicht basieren müssen, *wer* sie sind.

Ihre Tochter hat vollkommen recht darin, dass Ihr »Nein« und die nachfolgende Predigt ein Ausdruck mangelnden Vertrauens sind.

Nicht nur zu ihr, sondern auch hinsichtlich Ihres eigenen Einsatzes in den letzten 15 Jahren. Welche Art von Vertrauen meinen Ihre Tochter und ich? Es ist das Vertrauen darin, dass sie das Beste mit ihrem Leben tut, was sie kann – im Rahmen der Voraussetzungen, die sie in ihrer Familie, in der Schule und in der Gesellschaft mit auf den Weg bekommen hat. Ohne dieses Vertrauen fühlt sie sich einsam und verliert an Selbstgefühl.

Sie haben das Glück, als Mutter weitaus erfolgreicher gewesen zu sein als manche andere Eltern, sodass Sie immer noch das Vertrauen Ihrer Tochter besitzen. Sie ist Ihnen gegenüber offen und ehrlich. Jetzt ist es an der Zeit, dass Sie, Ihr Lebensgefährte und Ihre Tochter das wunderbare Resultat eines 15½ Jahre währenden gemeinsamen Lebens feiern und ihr viel Glück auf ihrer weiteren Reise wünschen.

Was nicht bedeutet, dass Sie Ihre Rollen als Mutter und Eltern ausgespielt haben. Es bedeutet nur, dass diese Rollen jetzt anders ausgeübt werden müssen, und zwar folgendermaßen:

»Mama, ich will bei ihm auf dem Sofa übernachten!«

»Ich muss zugeben, dass dieser Wunsch deine alte Mutter in eine gewisse Panik versetzt! Gib mir ein wenig Zeit, um meine Angst zu bekämpfen und gut nachzudenken, ehe ich etwas Dummes sage …

Okay, ich kenne dich ja und gehe davon aus, dass du dir genug Gedanken über das Ganze gemacht hast.«

»Ganz ruhig, Mama! Ich habe nicht vor, schwanger zu werden oder so was in der Richtung.«

Danach wird Ihre Tochter frohen Herzens das Haus verlassen, und Ihre Rolle besteht jetzt aus zwei Teilen: Sie bitten Ihren Lebensgefährten, Ihnen die ganze Nacht über die Hand zu halten. (Es muss nicht unbedingt die Hand sein.) Und wenn Ihre Tochter am nächsten Tag nach Hause kommt, dann werfen Sie ihr einen diskreten Blick zu, um einen Eindruck zu gewinnen, wie es ihr geht. Falls sie ein schlechtes oder wunderbares Erlebnis gehabt hat, werden Sie das im Bruchteil einer Sekunde erkennen. Doch in beiden Fällen gehören diese Erlebnisse zum Privatleben Ihrer Tochter, zu dem Sie keinen automatischen Zugang mehr haben. Warten Sie daher erst ein paar Tage ab, ob Ihre Tochter möglicherweise Lust oder das Bedürfnis hat, ihre Erlebnisse mit Ihnen zu teilen. Wenn nicht, können Sie sich eine Einladung verschaffen: »Du sahst so glücklich/deprimiert aus, als du letzte Woche nach Hause gekommen bist. Magst du mir vielleicht sagen, was passiert ist oder ob du Hilfe brauchst?«

Antwortet sie mit Nein, dann müssen Sie damit leben. Antwortet Sie mit Ja, müssen Sie behutsam und umsichtig agieren, wenn Sie zu Ihrer Tochter eine lebenslange Freundschaft bewahren wollen.

Halten Sie ihr wieder eine Moralpredigt oder geben Belehrungen von sich nach dem Motto: »Ich habe es dir ja gleich gesagt«, werden Sie wohl kein zweites Mal eine positive Antwort von ihr erwarten können.

Doch ihr Bedürfnis nach einem erwachsenen Sparringspartner hält ein Leben lang an, deshalb müssen Sie sich dazu qualifizieren, indem Sie ihre persönlichen Grenzen respektieren. (Ich weiß, dass die sexuelle Mündigkeit in Norwegen erst bei 16 Jahren liegt, was sicher auch Ihre Tochter und ihr Freund wissen. Was Alkohol angeht, beträgt die Altersgrenze 18 Jahre, was bestimmt gut gemeint, aber ebenfalls ein bisschen naiv ist.)

Ihre Tochter schuldet Ihnen zwar nichts, doch können Sie mit vielen unerwarteten Geschenken rechnen. Versuchen Sie es einmal mit folgender Übung:

Denken Sie an Ihr eigenes »erstes Mal« und fragen Sie sich, welche Art von Mutter Sie damals am liebsten gehabt hätten – ganz gleich, ob es ein schönes oder enttäuschendes Erlebnis für Sie war.

Außerdem können Sie das Gespräch mit Ihrer Tochter suchen. Dabei können Sie sich zunächst dafür entschuldigen, so spontan reagiert und ihr eine Predigt über Dinge gehalten zu haben, über die sie selbst Bescheid weiß. Danach können Sie Ihre Tochter zu ihren Gedanken über ihre eigene Sexualität, über Jungen oder Männer, Zukunftsvorstellungen und so fort fragen.

Hören Sie einfach nur zu und schlucken Sie bewertende Kommentare hinunter, wenn sie tatsächlich von sich erzählt und Ihnen solchermaßen ihr Vertrauen zeigt.

Ich bin davon überzeugt, dass ein solches Gespräch Sie nicht nur einander näher bringen, sondern Sie auch sehr beruhigen wird. Daher dürfen Sie nicht vergessen, sich bei Ihrer Tochter am Ende für ihre Hilfe zu bedanken.

Die Eltern in der Defensive II

Viele Eltern haben sich in dem Artikel »Die Eltern in der Defensive« (siehe Seite 23) wiedererkannt, der von dem missglückten Restaurantbesuch einer Familie in Mailand handelt. Die immer wieder gestellte Frage lautet natürlich: »Wie hätten sich die Eltern denn verhalten sollen, um den Jungen zur Ruhe zu bringen?« Obwohl sich diese Frage in aller Kürze kaum beantworten lässt, werde ich dennoch versuchen, eine Art Handlungsplan zu entwerfen.

Der Ursprung für dieses alltägliche Drama, in dem sich die Erwachsenen von einem 3-jährigen Jungen lenken lassen, befindet sich in den Gedanken, Haltungen, Perspektiven und dem Selbstverständnis der Eltern. Sie wünschen sich (permanent) glückliche Kinder und eine (konstant) harmonische Familie.

Die Gründe für diese Wünsche können völlig verschieden sein. Manche kommen aus Familien, in denen es viele destruktive Konflikte und somit viel Schmerz gab. Ihr Ziel ist es, dem Schmerz zu entgehen, indem sie Konflikte vermeiden. Andere kommen aus Familien, in denen sie unterdrückt, ignoriert oder einfach nicht »gesehen« wurden. Wieder andere empfinden die Erde als Ort des Schreckens und wollen, dass ihre Kinder vor Schmerz beschützt werden. Und schließlich gibt es da diejenigen Eltern, die einfach den großen Ehrgeiz haben, den Kindern all die »Aufmerksamkeit« zukommen zu lassen, die sie ihrer Überzeugung nach nötig haben. Allen diesen Eltern ist gemeinsam, dass sie bereit sind, sich in gewisser Weise für ihre Kinder aufzuopfern, um ihre Ziele zu erreichen.

Das ist ihnen zwar so deutlich nicht bewusst, doch in der Praxis zeigt sich dies, indem sie ihre persönlichen Grenzen, Bedürfnisse und Werte nicht ernst nehmen. Sie schlüpfen in die Rolle ständig lächelnder, verständnisvoller, dienstleistender Erwachsener und machen somit ihre eigene Persönlichkeit unkenntlich.

Von Beginn an betrachten Kinder das Verhalten ihrer Eltern als Ausdruck der Liebe.

Selbst dann noch, wenn dieses Verhalten objektiv betrachtet und in ihrem subjektiven Erleben wenig liebevoll ist.

Im Alter von 1 bis 2 Jahren entstehen oft Konflikte, weil sich die Kinder daran gewöhnen müssen, dass ihre Eltern nicht mehr jederzeit hundertzwanzigprozentig zur Verfügung stehen – was während des ersten Lebensjahres der Kinder noch unverzichtbar ist. Plötzlich ändert die Liebe ihren Charakter, was die Kleinen natürlich frustriert, bis sie die neuen Spielregeln integriert haben.

Die Wurzel des Problems befindet sich in den Köpfen der Eltern, und die Art und Weise, wie sie ihre Elternrolle handhaben, hat nichts mit Faulheit und dem Wunsch zu tun, ihre Kinder zu verwöhnen. Sie sind einfach damit beschäftigt, ihnen eine maximale Kindheit zu ermöglichen, und wer genug Geld hat, für den gehören materielle Güter natürlich zum Paket dazu. Das Ergebnis ist immer dasselbe: Die Verantwortung für die Qualität des Zusammenspiels wird langsam aber sicher den Kindern aufgebürdet, weil sich das Verhalten der Eltern ausschließlich nach ihren Reaktionen richtet. Doch liegt diese Verantwortung – die gesamte Kindheit und Jugend hindurch – bei den Eltern, die sich aufgrund ihres enormen Engagements und all der Energie, die sie aufwenden, freilich nicht unverantwortlich vorkommen. Das sind sie auch nicht – es ist nur eine grundlegende Verantwortung, der sie sich entziehen. Was den Konflikt im Restaurant angeht, so kann dieser erst gelöst werden, wenn die Eltern dies erkennen und gewillt sind, sich die Verantwortung zurückzuerobern.

Idealerweise beginnt dieser Prozess damit, dass sich die Eltern in einem relativ harmonischen Moment mit ihrem Sohn zusammensetzen und ungefähr Folgendes zu ihm sagen: »Lieber Marco, wir haben jetzt seit gut drei Jahren das Vergnügen, deine Eltern zu sein, und darüber sind wir sehr froh. Wir sind allerdings nicht so froh darüber, dass wir so oft mit dir in Konflikt geraten, doch jetzt haben wir Gott sei Dank herausgefunden, woran das liegt. Wir hatten vollkommen vergessen, dass die Eltern dafür verantwortlich sind, wie es der ganzen Familie geht. Diese Verantwortung haben wir dir überlassen, und dafür möchten wir uns bei dir entschuldigen! (Man darf ruhig weinen, wenn man redet!!) Von heute an trägst du nicht mehr die Verantwortung für uns alle. Das heißt aber auch, dass wir ein bisschen mehr bestimmen werden, als wir das früher getan haben. Aber es macht nichts, wenn du deshalb mal böse auf uns wirst. Das ist uns jedenfalls viel lieber, als wenn du glaubst, dass mit dir irgendwas nicht in Ordnung ist.«

Warum das? Zunächst, um allen deutlich zu machen, dass die Familie von nun an ihren Charakter und alltäglichen Umgang miteinander verändert. Das erhöht die Glaubwürdigkeit und Selbstdisziplin der Eltern und befreit ihren Sohn vom Schuldbewusstsein, das er in den ersten Lebensjahren angesammelt hat. So sind Kinder nämlich: Wenn die Familie disharmonisch und frustriert ist, denken sie, das sei ihre Schuld.

Sie können sich nur vom Schuldgefühl befreien, wenn sie hören und vor allem selbst erfahren, dass die Erwachsenen die Verantwortung übernommen haben.

Marco mag einem Tyrannen gleichen, doch ist er nur ein frustriertes Opfer.

Er bekommt scheinbar alles, was er will, und doch fühlt er sich unglücklich, weil ihm etwas fehlt. Denn seine wahren Bedürfnisse nach authentischen, integeren Eltern werden nicht erfüllt. Da ihm das aber nicht bewusst ist, glaubt er, dass mit ihm selbst etwas nicht stimmt. Viele Kinder lassen sich eine Zeit lang mit Lob und Geschenken bestechen – sie lindern das Schuldbewusstsein jedoch nur, lassen es aber nicht verschwinden.

Dieser Erklärung folgt eine lange Phase (½ bis 1 Jahr), in der die Erwachsenen zum einen üben müssen, die Verantwortung zu übernehmen, vor allem aber sich in der Familie mit ihrer Persönlichkeit, ihren Grenzen, Bedürfnissen und irrationalen Merkwürdigkeiten bemerkbar zu machen. Marco braucht nämlich nicht nur das Gefühl, dass die Last der Verantwortung von seinen Schultern genommen wird, er muss auch dringend herausfinden, *wer* seine Eltern eigentlich sind.

Damit können wir uns der Frage zuwenden, wie sich die Eltern hätten verhalten sollen. Es fängt damit an, dass die Erwachsenen Marco fragen, wo er am liebsten sitzen möchte. Schlechte Idee! Es ist viel besser, wenn die Erwachsenen sich einfach hinsetzen und den letzten Stuhl ihrem Sohn überlassen. Wenn er mit seinem Platz nicht zufrieden ist, kann er das sagen, und die Eltern können sich überlegen, ob sie mit ihm tauschen möchten. Aus alter Gewohnheit wird Marco nur sagen, was er *nicht* will, worauf man ihn freundlich bitten sollte zu sagen, *was* er will. Sagt er beispielsweise, dass er lieber auf dem Platz seiner Mutter sitzen will, kann diese ohne Weiteres darauf eingehen – vorausgesetzt, sie tut es nicht, um einen Konflikt zu vermeiden! Falls alle Erwachsenen Nein sagen, wird Marco sicherlich frustriert sein. Doch in diesem Fall brauchen ihn die Erwachsenen nur freundlich anzusehen und zu sagen: »Ja, es ist grausam, aber so ist es eben, mein Schatz. Man kann sagen, was man will, aber man wird es nicht immer bekommen.« Nach einigen Malen wird seine Frustration schon wesentlich weniger lautstark ausfallen und auch um einiges kürzer andauern.

Es geht damit weiter, dass Marco verkündet, er habe keinen Hunger. Die Antwort hierauf lautet: »Okay!« Danach können sich die Erwachsenen in aller Ruhe den Wahlmöglichkeiten der Speisekarte zuwenden. Vielleicht ist Marco wirklich nicht hungrig, vielleicht hat er auch nur vergessen, seinen Magen zu fragen (was bei 3-Jährigen jeden Tag vorkommt). Wenn der Duft des Essens am Tisch nicht seinen Appetit weckt, dann braucht er jetzt tatsächlich nichts.

Sollte er es sich anders überlegen, so lautet die freundliche Entgegnung: »Schön, Marco … ich hatte schon befürchtet, dass du heute überhaupt keine Lust auf Essen hast.« Die Tatsache, dass er die Möglichkeit und genug Zeit bekommen hat, um seinen eigenen Hunger zu erkennen, fegt den nachfolgenden Konflikt, was er essen soll, beiseite. Er hat die Möglichkeit erhalten, seine Autonomie zu wahren – das ist alle Macht, die Kinder sich wünschen. Um den Rest können sich ihretwegen gern die Eltern kümmern. Der Junge hat zwar nicht den Platz bekommen, auf den er unmittelbar am meisten Lust hatte, doch bekam er den Platz innerhalb seiner Familie, den er brauchte.

Die allermeisten Kinder, die ich kennengelernt habe, lernen sehr viel schneller als ihre Eltern, sich anders und konstruktiver zu verhalten. Was vermutlich auch daran liegt, dass die Bedürfnisse der Kinder relativ simpel sind (ihre Gelüste und Wünsche sind um einiges vielfältiger).

Sie haben vor allem das Bedürfnis nach einer kompetenten Führerschaft ihrer Eltern.

Die Eltern schleppen ihre gesamte persönliche Geschichte mit sich herum und brauchen daher längere Zeit, um sich an eine neue Art zu gewöhnen, ihrem Kind zu begegnen. Viele dieser Eltern erhalten leider den Rat, »mehr Grenzen zu setzen«, in Form strenger Regeln, wie das Kind sich zu verhalten hat. Ich möchte Ihnen dringend davon abraten, diesen Rat zu befolgen. Er schiebt dem Kind die Schuld in die Schuhe und macht alles nur noch schlimmer.

Machtmissbrauch ist keine Alternative zu Machtlosigkeit. Die Eltern sollten stattdessen als Persönlichkeiten in Erscheinung treten und sich als Menschen klarer definieren.

Ein Papa-Problem

“

Hallo! Ich bin ein 17 Jahre alter Junge und Mitglied einer fünfköpfigen Familie: Mama, Papa und zwei Geschwister, die 9 und 16 sind. Unser Leben ist an sich völlig in Ordnung, meine beiden Eltern haben gute Jobs. Alle Kinder gehen zur Schule und haben keine größeren Schwierigkeiten. Doch gibt es eine Sache, die uns belastet, und das ist die ständig schlechte Laune unseres Vaters.
Ständig schimpft er und kritisiert uns, weil wir seine Erwartungen nicht erfüllen. Das ist fast jeden Tag so, wenn er von der Arbeit nach Hause kommt. Dann meckert er, weil nicht aufgeräumt wurde, beschwert sich, dass das Essen noch nicht auf dem Tisch steht, oder schimpft mit uns, wenn wir die Hausaufgaben noch nicht gemacht haben. Mich belastet das wirklich sehr.
Ich kann das ewige Schimpfen und die ständige »dicke Luft« zu Hause nicht mehr ertragen und frage mich, was ich dagegen tun kann. Wenn wir versuchen, mit ihm zu reden, dann blockt er komplett ab und wird nur noch wütender. So kann es jedenfalls auf Dauer nicht weitergehen – haben Sie einen Rat für mich?

Ein besorgter und unglücklicher Sohn

”

Antwort von Jesper Juul:

Das Wohlergehen jeder Familie hängt von der Stimmung, der Atmosphäre oder dem »Geruch in der Bäckerei« ab, wie wir auf Dänisch sagen, und in eurer Familie riecht es schlecht, wenn euer Vater nach Hause kommt. Das bedeutet, dass es allen schlechter geht, als es ihnen gehen müsste. Das gilt auch für deinen Vater und deine Mutter, die als Erwachsene die Verantwortung dafür übernehmen müssten, etwas an der schwierigen Situation zu ändern.

Vielleicht hat deine Mutter das ja schon mit wenig Erfolg versucht, aber du solltest diese Verantwortung nicht tragen. Da ich aber weiß, dass du sie nicht so einfach wieder ablegen kannst, will ich versuchen, dir eine Antwort zu geben, die dir hoffentlich helfen wird.

Ich stelle eigentlich keine Diagnosen, wenn ich den Menschen nicht persönlich kennengelernt habe, da aber dein Vater an einer Krankheit leidet, die früher ausschließlich Väter hatten und die zunehmend auch Mütter trifft, so will ich es ausnahmsweise wagen, ein wenig zu spekulieren. Dein Vater leidet am »Zirkusdirektor-Syndrom«. Das sind Menschen, die in die Manege kommen, sich sofort in die Mitte stellen und ihren vorgefertigten Text herunterleiern: »Wenn ihr so wärt und nicht so, wenn ihr dieses und nicht jenes getan hättet und wenn ihr überhaupt völlig anders sein könntet, als ihr seid – dann würde es mir sehr viel besser gehen!« Das ist die typisch männliche Version.

Die weibliche Spielart scheint zunächst weniger aggressiv zu sein. Sie tritt vor allem dann in Erscheinung, wenn Gäste ins Haus kommen, die in etwa Folgendes zu hören bekommen: »Ihr müsst entschuldigen, dass hier so eine schreckliche Unordnung herrscht. Meine Kinder räumen einfach nie auf, und meinen Mann scheint der Zustand des Hauses auch nicht zu interessieren!« Auf diese diskrete Art distanzieren sie sich von ihrer Familie und legen jegliche Mitverantwortung ab, um unauffällig Reklame für ihr eigenes gesteigertes Verantwortungsbewusstsein zu machen. Die Botschaft entspricht der deines Vaters: »Wenn alles nach meinen Prämissen geschehen würde, dann wäre diese Familie ein sehr viel schönerer Ort!« Es ist ebenso interessant wie tragisch, dass dieses Verhalten egozentrisch und antifamiliär ist. Das bedeutet jedoch nicht, dass es sich bei diesen Vätern und Müttern um kaltherzige Egoisten handelt. Sie sind nur frustriert und hilflos und nicht in der Lage, ihre eigenen Gefühle und Gedanken zum Ausdruck zu bringen.

Ihre ewige Kritik bedeutet in Wirklichkeit, dass sie sich selbst als alleinverantwortlich betrachten und nie gelernt haben, wie man eine Gemeinschaft aufbaut.

Viele dieser kritischen Despoten sind selbst mit einem Vater oder einer Mutter aufgewachsen, die zu diktatorischem Verhalten neigten, oder sie entstammen Familien, die von allgemeiner Schlappheit und mangelndem Engagement der Erwachsenen geprägt waren.

Dein Vater versucht im Grunde, ein guter und verantwortungsvoller Familienvater zu sein. Doch obwohl er dies jeden Tag kundtut, hat er noch nicht erkannt, dass es ihm Tag für Tag missglückt. Offenbar hört er weder, was ihr sagt, noch, was er selbst sagt. Das ist demütigend für einen Mann, der so große Vorstellungen von sich selbst hat. Doch statt zu reflektieren, gibt er dem Rest der Familie die Schuld an seiner empfundenen Niederlage.

Er liebt eure Familie, schafft es aber nicht, seine Liebe in entsprechendes Verhalten umzusetzen. Somit bleiben nur zwei Möglichkeiten: Entweder er fängt damit an, deiner Mutter und euch Kindern zuzuhören, oder ihr alle müsst unmäßig viel Energie aufbringen, um »Papa glücklich zu machen«. Die erste Möglichkeit ist erfolgversprechend, während die zweite zum Scheitern verurteilt ist. Die Frage ist also, wie ihr ihn dazu bringt, euch zuzuhören. Die folgenden Richtlinien haben sich oft als hilfreich erwiesen:

Es hilft nicht, wenn ihr ihn kritisiert. Er kann auf Kritik einfach nicht anders reagieren, als zum Gegenangriff überzugehen. Darum würde ich damit beginnen, ihm unseren Briefwechsel zu zeigen, und ihm ein paar Tage Zeit geben, den Inhalt zu verdauen. Das würde ihm die Möglichkeit verschaffen, sich auf ein ernsthaftes Gespräch einzulassen, ohne riskieren zu müssen, sein Gesicht zu verlieren.

Wenn er sich weigert, an einem Gespräch darüber teilzunehmen, wie alle sich fühlen, müsst ihr alle – inklusive deiner Mutter – aufstehen und den Raum verlassen, sobald er seiner Gewohnheit gemäß damit beginnt, sich über alles und jeden zu beschweren. Ihr braucht nichts zu sagen – nur außer Hörweite zu gehen. Auf diese Weise wird er in konkreter physischer Form mit seiner emotionalen Isolation konfrontiert, und alle anderen lernen auf diese Weise, sich gegen Kränkungen und Übergriffe zur Wehr zu setzen.

Was ich gerade beschrieben habe, darf nicht als Strategie gegen deinen Vater missverstanden werden. Es geht darum, wie ihr euch selbst gegen Kränkungen schützen könnt und somit letztendlich euer eigenes und sein Schuldgefühl lindert. Für deine Mutter ist dies ein extrem wichtiger Punkt. Sie darf nicht in die Rolle derjenigen schlüpfen, die ihre Kinder vor ihrem Vater beschützt. Sie muss lernen, ihren Kindern ein gutes Vorbild zu sein, indem sie ihre eigene Würde und ihren Selbstrespekt wahrt. Schafft sie das nicht, müsst ihr Kinder leider selbst zusehen, wie ihr klarkommt, wobei jeder auf sich allein gestellt ist. So werden die Einsamkeit und Isolation eures Vaters schließlich jedes Familienmitglied anstecken.

Ich möchte am Ende gern hinzufügen, dass ich hoffe, dass deine Eltern deine mutige Initiative, die Stimmung in eurer Familie zu verändern, zu schätzen wissen. Dein Vater kann viel von dir lernen, wenn er dazu bereit ist. Er hat sein Leben lang mit diesem Konflikt gekämpft und es verdient, endlich davon befreit zu werden, um der beste Mensch zu werden, der er werden kann.

Beziehungen zu Kindern

«

Ich habe einen 10-jährigen Sohn, der in seinen ersten fünf Jahren die ungeteilte Aufmerksamkeit seiner Eltern genoss. Als er fünf war, bekam er eine kleine Schwester und zwei Jahre später einen kleinen Bruder. Leider war er vom ersten Tag an enorm eifersüchtig, was sich bis heute nicht entscheidend geändert hat. Allmählich hat sich dies zu einem anstrengenden Konflikt zwischen uns Eltern und unserem Ältesten entwickelt, und wir sind offenbar nicht in der Lage, aus diesem Teufelskreis auszubrechen.
Der Familienalltag verläuft eigentlich reibungslos, doch wenn wir irgendwelche gemeinsamen Aktivitäten planen, zum Beispiel ins Schwimmbad zu gehen oder in Urlaub zu fahren, dann kommt es schnell zu Auseinandersetzungen, Streitereien und Beschimpfungen. Am Ende fragen wir Eltern uns völlig frustriert, ob wir überhaupt noch schöne Dinge miteinander planen sollten.
Die beiden jüngeren Geschwister haben eine sehr enge Bindung zueinander, und der große Altersunterschied führt vermutlich zusätzlich dazu, dass der Große sich ausgeschlossen fühlt. Gleichzeitig versuchen mein Mann und ich auch Dinge mit ihm allein zu unternehmen.
Doch wenn wir alle zusammen sind, geht es jedes Mal schief. Wenn er an einem Spiel mit den Jüngeren teilnimmt, kommt es rasch zu Streit und Tränen, das Spiel wird zu heftig, läuft schließlich aus dem Ruder,

und irgendwann werden wir Eltern dann so zornig, dass wir die ganze Sache abbrechen. In der Schule hat er keinerlei Schwierigkeiten, er spielt gern Fußball und hat viele Freunde. Doch irgendwas an der Situation zu Hause führt anscheinend dazu, dass er seine Frustrationen und Enttäuschungen nicht in den Griff bekommt. Ein paar Beispiele:
Kuchen backen: Eines Abends wollte er einen Schokoladenkuchen backen, und sein Vater gab ihm einen Rat, was die Füllung anging. Leider hatte er nicht verstanden, dass mit drei Esslöffel Kaffee nicht Kaffeepulver gemeint ist, sondern dass es »gekochter Kaffee« bedeutet. Mein Sohn bemerkte den Fehler genauso wenig und nahm das Pulver, was dazu führte, dass der Kuchen stark nach Kaffee schmeckte. Der Junge tobte vor Wut, beschuldigte erst mich, weil ich ihm das Rezept gegeben hatte, und anschließend seinen Vater, weil der ihm einen falschen Rat gegeben hatte. Er knallte die Tür zu, warf etwas aus dem ersten Stock direkt auf unser Auto und griff seinen Vater tätlich an, als der ihn beruhigen wollte. Er schimpfte und fluchte und wurde nicht nur gegenüber seinen Eltern, sondern auch gegenüber seinen kleinen Geschwistern gewalttätig.
Im Laden: Wir erlauben unserem Sohn eigentlich nicht, Energiedrinks zu trinken, die Traubenzucker und Koffein enthalten, doch eines Tages sagte sein Vater in einem Geschäft »Ja«, ohne genau hinzusehen, was für eine Dose unser Sohn in der Hand hielt. Als wir an die Kasse kamen, habe ich dann »Nein« gesagt, worauf unser Sohn einen gewaltigen Wutanfall bekam. Er rannte auf den Parkplatz, schleuderte die Stiefel von seinen Füßen, sodass sie gegen fremde Autos prallten, und schlug mit seinem vollen Portemonnaie so hart auf das Dach unseres eigenen Wagens, dass die Münzen eine Delle verursachten. Als wir angelaufen kamen, rannte er einfach weg.
Fähranleger in Kristiansand: Nach einer mehrstündigen Autofahrt saß ich mit ihm und seinem kleinen Bruder im Wagen. Wir waren alle müde und erschöpft, und mein Sohn begann damit, seinen Bruder zu ärgern. Ich sagte ihm mehrmals, er solle damit aufhören, doch er machte immer weiter. Schließlich stieg ich aus, öffnete die Hintertür,

packte ihn hart an den Armen und fauchte ihn an, er solle endlich Ruhe geben. Daraus wurde ein lauter Streit, in dem wir beide dumme Dinge sagten, während ich ihn weiterhin festhielt.

Manchmal bekomme ich Lust, den Jungen heftig durchzuschütteln, ihn von gemeinsamen Aktivitäten auszuschließen oder ihn vollständig zu ignorieren. Doch im nächsten Moment, wenn es ihm wieder besser geht, ist er der netteste, liebenswerteste Junge, den man sich nur vorstellen kann. Wie können wir Eltern ihm beibringen, mit seiner Wut und seinen Frustrationen besser umzugehen?

Das waren nur ein paar beliebige Episoden, doch fallen uns daran immer wieder dieselben Dinge auf:

1. *Er wird mit Enttäuschungen nicht fertig.*
2. *Er sieht seine eigenen Fehler nicht, sondern beschuldigt meist die anderen.*
3. *Er hat Schwierigkeiten, sich nachher zu entschuldigen.*

Eine völlig erschöpfte Mutter

Antwort von Jesper Juul:

Zunächst möchte ich Ihnen für Ihren offenherzigen Brief danken, der eine Dynamik beschreibt, die viele Eltern im Verhältnis zu mindestens einem ihrer Kinder erleben. Jedes Mal, wenn ich einer solchen Familie begegne, denke ich, dass es womöglich ihre »unmöglichen« Kinder sein werden, die uns lehren, persönliche Dialoge mit Kindern und Jugendlichen zu führen.

Ein Dialog ist etwas ganz anderes als eine Verhandlung, eine Diskussion oder ein einfacher Wortwechsel. Ein Dialog verlangt vom Erwachsenen Offenheit, Interesse, Flexibilität und den Willen, etwas Neues über sich selbst und sein Kind zu lernen, und das kann nicht gelingen, wenn die Erwachsenen eine bestimmte Tagesordnung oder Ziele im Kopf haben, die über den jeweiligen Dialog und die eigene Gegenwärtigkeit hinausgehen.

Das Führen eines Dialogs ist ein notwendiger Schritt in unserer persönlichen Entwicklung und eine Kompetenz, die sowohl Pädagogen, Lehrer und Eltern als auch andere Erwachsene so schnell wie möglich erwerben sollten, wenn sie nicht noch mehr Kinder und Jugendliche im Stich lassen wollen.

Ob ich der Meinung bin, dass Sie Ihren ältesten Sohn im Stich lassen? Ja, das meine ich tatsächlich.

Lassen Sie uns die Tatsachen betrachten, die Sie selbst beschreiben: Er kommt außerhalb seiner Familie bestens klar, aber nicht in Ihrer Gegenwart. Das bedeutet, dass die Führungsrolle der Erwachsenen, die er in der Schule oder im Fußballverein erlebt, ihn nicht so sehr frustriert wie die Führungsrolle seiner Eltern. Die entscheidenden Worte sind Ihre wiederholten Behauptungen, dass er nicht in der Lage sei, mit Zorn, Frustration und Enttäuschungen umzugehen. In Wahrheit kann er mit all diesen Gefühlen und Erlebnissen umgehen, doch auf eine Art und Weise, die seinen Eltern nicht passt.

Das heißt nicht, dass ich sein Verhalten als zweckmäßig oder konstruktiv betrachte. Es ist jedoch das einzige Verhalten, das er kennt, und dies wird sich auch nicht ändern, sondern im Gegenteil verstärken, wenn Sie nicht damit beginnen, sich ernsthaft dafür zu interessieren, was es ist, das ihn so zornig macht und frustriert. Es sind nicht die vielen kleinen Episoden und Konflikte. Tief in sich trägt er eine weitaus ernsthaftere Frustration, die unentwegt Brennstoff für die vielen kleinen liefert.

»Er sieht seine eigenen Fehler nicht« – weil er keine hat! Wir sind uns vollkommen einig darin, dass er sich in einer Reihe von

Situationen absolut unangemessen verhält, was jedoch nicht daran liegt, dass er irgendwelche Fehler hätte oder mit ihm selbst etwas nicht in Ordnung wäre. Es liegt daran, dass seine eigenen Reaktionen einem sehr viel tiefer gelegenen Ort entspringen als dem, wo das »gute Benehmen« normalerweise beheimatet ist, nämlich dicht an der Oberfläche. So ist es mit Kindern, Jugendlichen und Erwachsenen. Niemand von uns behagt die Rolle in der Gemeinschaft, die ihm zugewiesen wurde – die des schwarzen Schafs.

»Er hat Schwierigkeiten, sich nachher zu entschuldigen«, weil er weiß, dass er nicht die alleinige Schuld an diesen Episoden trägt. Die Erwachsenen sind dafür verantwortlich, dass sich alles so unglücklich entwickelt hat, wie es der Fall ist. Sie haben selbst bemerkt, dass er sein Verhalten geändert hat, als seine Geschwister auf die Welt kamen, und Ihre Theorie ist, dass er von Eifersucht gepackt wurde, einem Gefühl, das wir in unserer Kultur nicht unmittelbar verurteilen, schon gar nicht bei Kindern. Ich glaube, Ihre Theorie ist falsch. Richtige Eifersucht finden wir nur bei Kindern, die erleben, dass ihre Eltern ein Kind mehr lieben als das andere. Aber das kommt nur selten vor, und bestimmt nicht in Ihrer Familie.

So wie alle anderen großen Brüder und Schwestern hat er einen akuten Verlust erlitten, als seine Schwester geboren wurde.

Von einem Moment auf den anderen musste er auf 50 Prozent all dessen verzichten, was ihm bisher in seinem Leben zur Verfügung gestanden hatte. Er bekam auch keine Hilfe bei der Bearbeitung seiner Trauer, sodass er weder Freude empfinden noch Liebe zu dem neuen Familienmitglied entwickeln konnte.

Stattdessen erstarrte seine Lebenswelt in dem Erlebnis, im Stich gelassen worden zu sein, was zu Frustration und Wut führte. Danach versuchte er, das Gleichgewicht in einer Familie zu finden, die offenbar einen hohen moralischen Anspruch und klare Werte vertritt, wie man sich benimmt, und diese Werte konnte er nicht erfüllen.

Es ist unwahrscheinlich, dass er sich selbst an diese Gedanken und Gefühle, die ich beschrieben habe, erinnern kann, was es natürlich sehr schwierig macht, mit ihm darüber zu reden. Wenn ich damit richtigliege, bleibt nur – wie ich in der Einleitung geschrieben habe – der Dialog. Soll der gelingen, braucht es absolute Ehrlichkeit und den Willen beider Eltern, die Verantwortung für die Vergangenheit zu übernehmen. Das könnte sich beispielsweise so anhören:

»Seit deine Schwester geboren wurde, waren wir oft unzufrieden mit deinem Verhalten. Erst jetzt sehen wir, dass wir es waren, die dich damals im Stich gelassen haben. Das tut uns sehr leid. Wir wollen uns auch dafür entschuldigen, dass wir so oft mit dir geschimpft haben … wir wussten es nicht besser. Jetzt haben wir endlich begriffen, dass du es viel zu lange nicht gut bei uns hattest. Aber wir brauchen deine Hilfe. Erzähl uns doch bitte, was es ist, das dir in unserer Familie nicht gefällt, damit wir etwas daran ändern können.« (Diese Worte müssen von Herzen kommen, sonst kann man es gleich bleiben lassen!)

Vermutlich wird er sagen, dass Sie ihn »immer« ausschimpfen. Und das ist genau die Sekunde, in der Sie zeigen können, dass Sie bereit sind, Ihre elterliche Verantwortung auf eine neue Art wahrzunehmen. Hören Sie ihm zu, danken Sie ihm, wenn er fertig ist, und denken Sie darüber nach, was er gesagt hat.

Lassen Sie alles in Ruhe auf sich wirken, und Sie werden sich selbst und ihn am nächsten Tag in einem neuen Licht sehen. Danach folgt eine schwierige Phase, in der beide Seiten lernen müssen, ihre gewohnheitsmäßigen Reaktionen zu dämpfen. Aber solange die Erwachsenen die Verantwortung für ihre eigenen Aussagen übernehmen, wird es gelingen. Mit jedem Fortschritt verschwindet ein Teil des Schuldgefühls auf beiden Seiten, und mit ein wenig Glück wird sich eine neue Balance und Harmonie in der Familie einstellen, ehe die Pubertät einsetzt.

Mein Stiefsohn

“

Ich und mein Partner, mit dem ich seit zehn Jahren zusammenlebe, tragen die halbe Verantwortung für seine Kinder aus einer früheren Beziehung, einen 15-jährigen Jungen und ein 14-jähriges Mädchen. Außerdem haben wir eine gemeinsame Tochter, die 5 Jahre alt ist. Die Exfrau meines Partners hat mit ihrem neuen Mann zwei Söhne im Alter von 1 und 2 Jahren bekommen.
Dieser Brief handelt von meinem 15-jährigen Stiefsohn Marius. Als seine Stiefmutter habe ich inzwischen eine 10-jährige Erfahrung mit einem Jungen, dessen Verhalten Kinder und Erwachsene gleichermaßen irritiert. Schon damals lernte ich einen 5-Jährigen kennen, der täglich Wutausbrüche hatte, übermäßig viel weinte und sich ständig ungerecht behandelt fühlte. Den Kindergartenbetreuern fiel schon früh sein aggressives Verhalten auf, das sich die ganze Schulzeit hindurch fortsetzte. Marius ist ein extrem unausgeglichener Junge, dessen schlechte Laune leider seine hervorstechende Eigenschaft ist. Oft ist er reizbar, wütend und aufbrausend. Außerdem fühlt er sich ständig ungerecht behandelt. Nicht den kleinsten Hinweis kann er ohne Diskussion entgegennehmen. In diesen Diskussionen verdreht er oft die Tatsachen und lügt. Das gilt auch für Diskussionen, die sich darum drehen, dass er irgendetwas falsch gemacht hat. Dabei verstrickt er sich immer in einen Haufen Lügen, wie dies oder jenes passiert sei, sodass sich die Geschich-

ten ständig ändern. Wir empfinden all diese Lügen (Dutzende jeden Tag) als äußerst kränkend, da er ja nicht nur irgendeinen Fehler begeht, sondern uns danach auch noch ins Gesicht lügt und uns am Ende gar beschimpft, weil wir ihn beschuldigt haben.
Solche Diskussionen ziehen sich immer ewig in die Länge und führen bei allen zu großer Erschöpfung. Doch schon wenige Minuten danach kann er so tun, als sei nichts gewesen. Er zeigt niemals die geringste Reue, ist hinterher aber manchmal extrem bescheiden und versucht, sich bei uns einzuschmeicheln. Dann zeigt er sich von seiner besten Seite, damit auch wir die Diskussion ad acta legen.
Oft bestiehlt er seine eigene Familie. Er hat mehrmals die Spardosen seiner Geschwister geplündert und ist auch schon in flagranti dabei erwischt worden, wie er uns Geld aus dem Portemonnaie stehlen wollte. Auch zu Ladendiebstählen ist es schon gekommen. Er hat einen enormen Geldverbrauch. Was er hat, gibt er schnell aus.
Marius erledigt fast alles nur halbherzig. Nichts wird richtig gemacht, was hundertmal am Tag zu Ermahnungen, Streitereien und Frustration führt. Seit Jahren halten wir ihm Tag für Tag dieselben Dinge vor, doch scheint er nicht einmal daran zu denken, sich so zu verhalten, dass ihm diese Vorwürfe erspart bleiben.
Marius hatte schon immer Schwierigkeiten, sich zu konzentrieren. Er lässt sich leicht ablenken. Wenn wir zusammen einen Film sehen, sind seine Arme und Beine immer in Bewegung, außerdem redet er selbst während des Films ununterbrochen. In den letzten beiden Jahren hat er sich außerdem ein paar Ticks angewöhnt, zum Beispiel rollt er ständig seinen Kopf hin und her und wirft ihn in den Nacken.
Er hat sich außerdem sein Leben lang in die Hose gemacht. Er scheint sich nie die Zeit zu nehmen, auf die Toilette zu gehen. Seine Unterhosen werden zwar nicht völlig nass, riechen aber deutlich nach Urin. Was mir aber besondere Sorge bereitet, ist, dass er in der letzten Zeit sogar ins Bett macht!
Marius ist ein ziemlicher Angeber. Er gibt gern damit an, wie viel Geld er hat oder was Dinge kosten. Je teurer, desto besser. Es ist ihm

sehr wichtig, bei denen angesehen zu sein, die in der Schule zu den Beliebtesten gehören. Im Kampf um Anerkennung »opfert« er auch gern weniger angesehene Kameraden. Er übernimmt nie die Verantwortung für Unstimmigkeiten und schiebt anderen die Schuld in die Schuhe. Manchmal freundet er sich kurze Zeit mit jemandem näher an, doch wird jeder sein Verhalten schnell leid und distanziert sich wieder von ihm. Es ruft auch niemand an oder klingelt an der Tür, um nach ihm zu fragen. Das ist noch nie vorgekommen. Wenn er versucht, Klassenkameraden anzurufen, gehen sie nicht ans Telefon. Das hat dazu geführt, dass er sehr einsam und frustriert ist. Was natürlich wiederum die Arbeit für die Schule beeinträchtigt.
Natürlich hat er nicht nur negative Seiten, doch habe ich mich bei meiner Beschreibung auf diese konzentriert. Es soll nicht unerwähnt bleiben, dass er ein sehr neugieriger und empfindsamer Junge ist, der über Charme und Selbstironie verfügt. Außerdem hat er Humor, ist sehr intelligent und liebt seine Familie. Ich weiß, dass in Marius ein guter Junge steckt, aber der zeigt sich leider nur sehr selten und bleibt im Schatten eines Verhaltens, das Ursachen zu haben scheint, die wir weder kennen noch kontrollieren können. Ich bitte Sie inständig um Rat und Hilfe, damit Marius zu sich selbst finden und ein gutes Leben haben kann. Nichts würde mich, uns und ihn mehr freuen.

Eine verzweifelte und verausgabte Stiefmutter

Antwort von Jesper Juul:

Lassen Sie mich zunächst sicherheitshalber betonen, dass ich ganz sicher bin, dass alles, was Sie schreiben, hundertprozentig der Wahrheit entspricht und nicht etwa dem leicht verzerrten Blick einer »bösen Stiefmutter« entspringt.

Die guten Nachrichten, die zwischen all dem Betrüblichen aufscheinen, sind Ihr Glaube an den »guten Jungen« in ihm und Ihr Wille, ihm zu helfen. Diese Hilfe hat er auch bitter nötig!

Leider kann ich Ihnen nicht direkt helfen, doch angesichts der geschilderten Schwere der Probleme Ihres Stiefsohns möchte ich Sie unbedingt dazu auffordern, die Hilfe eines Familientherapeuten in Anspruch zu nehmen – circa einmal die Woche in den ersten drei Monaten –, und es wäre optimal, wenn Marius zwischendurch noch Einzelgespräche hätte. Wäre ich dieser Therapeut, würde ich mit Marius und seinen biologischen Eltern beginnen, danach mit sämtlichen Mitgliedern beider Familien weitermachen und schließlich mit den beiden Erwachsenen sprechen, die am ehesten in der Lage sind, dem Jungen das zu geben, was er braucht.

Es geht hier um die grobe Verletzung der Fürsorgepflicht einem Jungen gegenüber, der seit über zehn Jahren vergeblich um Hilfe gerufen hat. Dass er keine Hilfe bekommen hat, kann ich in vieler Hinsicht gut verstehen, weil sein Schmerz und seine Einsamkeit auf eine Weise zum Ausdruck kommen, der Erwachsene in der Regel mit Erziehungsmaßnahmen begegnen. Aber Sie haben ja selbst die Erfahrung gemacht, dass dies der falsche Weg ist. Sie schimpfen und ermahnen, und dennoch zeigt es keinerlei Wirkung. Nicht weil Ihr Stiefsohn ein schlechter Mensch ist, sondern weil er seine Hilferufe nicht anders zum Ausdruck bringen kann als durch sein schwieriges Verhalten. Er scheint gewissermaßen in einen Spalt gefallen zu sein, der sich zwischen seinen beiden Familien befindet, und dort liegt er immer noch: hilflos, verzweifelt und unverstanden.

Es wird Zeit, dass alle erwachsenen Familienmitglieder mit Unterstützung eines Therapeuten dafür die Verantwortung übernehmen. Ich kann mir gut vorstellen, wie anstrengend die vielen gemeinsamen Jahre für Sie, Ihren Mann und die kleinen Geschwister gewesen sein müssen. Doch ich hoffe, dass Sie verstehen, dass es Ihr Stiefsohn ist, der am meisten gelitten hat, und dass Sie letztlich alle mit Hilfe und Inspiration von außen wieder zu Kräften kommen.

Adressen und Websites, die weiterhelfen

familylab International

Jesper Juul gründete 2004 das Elternberatungsprojekt »familylab International«. Schon wenig später folgten weitere Familienwerkstätten in Norwegen, Dänemark, Slowenien, Schweden, Italien, Deutschland, Österreich, Kroatien, Schweiz, Australien und Frankreich, die eng mit ihm zusammenarbeiten.

Was bietet familylab Eltern?

Die Familienwerkstatt, deren deutsche Organisation 2006 von Mathias Voelchert gegründet wurde, bietet Eltern, aber auch Lehrern und allen, die täglich mit Eltern und Kindern arbeiten, circa zweistündige Vorträge sowie Workshops und Seminare an, die in der Regel drei Tage dauern und auf Deutsch oder mit deutscher Übersetzung gehalten werden. Die Seminare, Workshops und Vorträge behandeln Themen wie

- Authentisch erziehen,
- Elterliche Führung,
- Die Patchworkfamilie,
- Konflikte als Wachstumschance,
- Nein – mit gutem Gewissen,
- Persönliche Sprache in der Familie,
- Pubertät. Wenn Erziehen nicht mehr geht,
- Vom Paar zur Familie,

um nur einige zu nennen.

Familylab möchte Eltern dabei helfen, die durch Jesper Juuls Bücher gewonnenen Erkenntnisse im Alltag umzusetzen. Dabei erwartet sie ähnlich wie bei Jesper Juul kein Erziehungsregelwerk oder eine Schritt-für-Schritt-Anleitung. Familylab versteht sich vielmehr als Familienlabor, in dem man gemeinsam experimentiert und voneinander lernt. Anstelle von Konzepten wie »How to manage your teenager in five easy lessons« möchte die Familienwerkstatt die Teilnehmer inspirieren und beraten. Dabei wird immer von der individuellen Eigenart und Voraussetzung jeder einzelnen Familie ausgegangen, und es wird versucht, aktuelle Konflikte auf die Familie zugeschnitten zu lösen. Jeder einzelne soll sich und die Familie dabei als Teil eines lebendigen Prozesses entdecken und seine ganz persönlichen Werte entwickeln.

Bei den Seminaren können in der Regel in kleinen Gruppen konkrete Fragen, Themen und vor allem die Konflikte aus dem Familienalltag der Teilnehmer beleuchtet werden, um nach neuen, heilsameren Wegen des Miteinanders in der Familie zu suchen. Dabei geht es nie darum, was Eltern alles falsch machen, sondern darum, sich weiterzuentwickeln. Vorkenntnisse sind nicht nötig, nur die Bereitschaft zu Offenheit und der Mut, sich persönlich verändern zu wollen. Erziehung ist »learning by doing«, bis man schließlich einen eigenen Weg gefunden hat.

Im Englischen nennt man die familylab-Seminarleiter und -leiterinnen »facilitators«. Übersetzt würde das »Ermöglicher« bedeuten. Genau so versteht familylab seine Arbeit: zu ermöglichen, was in Beziehungen in Familien, Schulen und Unternehmen machbar ist – um Familien, Organisationen und Gesellschaften zu inspirieren, sich und ihr Gegenüber ernst zu nehmen, liebevolle Beziehungen zu leben und aus innerer Überzeugung heraus mit Respekt zu handeln.

Weiterbildung zum familylab-Seminarleiter

Dieses Angebot richtet sich an Erzieher, Psychologen, Fachpädagogen, Lehrer, Kinderpsychiater, Sozialarbeiter, Ergotherapeuten,

Familienberater und Familientherapeuten (natürlich an männliche und weibliche – wir haben hier nur der besseren Lesbarkeit halber die männliche Form gewählt), die eine fünfjährige Berufserfahrung haben. Familylab.de/at/ch bietet Interessierten ein intensives, achttägiges Training an, das von Jesper Juul konzipiert und teilweise auch geleitet wird. Die Teilnehmer erhalten danach einen zertifizierten Abschluss durch die jeweilige familylab-Organisation und familylab International. Außerdem werden sie fortlaufend qualifiziert weitergebildet. Das Training findet auf Deutsch statt.

Deutschland
familylab.de
Mathias Voelchert GmbH
Amalienstraße 71
80799 München
www.familylab.de
info@familylab.de
0 89/21 94 99 71

Österreich
familylab.at
Mag. Claudia Buchanan
Sonnbergstraße 45
A-2380 Perchtoldsdorf
0043/(0)67/63 44 93 13
info@familylab.at
www.familylab.at

Schweiz
familylab.ch
Family Management GmbH
Caroline Märki-von Zeerleder
Lindenhofrain 6
CH-8708 Männedorf
0041/(0)78/788 38 79
cmaerki@familylab.ch
www.familylab.ch

Weitere Websites zum Thema Erziehung

www. familienhandbuch.de
(Initiative verschiedener Institutionen und Organisationen – Rat und Hilfe zu vielen Themen der Kindererziehung und Partnerschaft)

www.familieninfo.at
(Informationen rund um Erziehung und Familie)

www.elternotruf.ch
(Infos rund um Eltern und Erziehung)

Bücher und DVDs, die weiterhelfen

Bücher von Jesper Juul

Aus Erziehung wird Beziehung. Authentische Eltern – kompetente Kinder; Herder
Das Familienhaus; Kösel
Dein kompetentes Kind. Auf dem Weg zu einer neuen Wertegrundlage für die ganze Familie; Rowohlt
Die kompetente Familie. Neue Wege in der Erziehung; Kösel
Elterncoaching. Gelassen erziehen; Beltz
Grenzen, Nähe, Respekt. Auf dem Weg zur kompetenten Eltern-Kind-Beziehung; Rowohlt
Mann & Vater sein; Kreuz Verlag
Nein aus Liebe: Klare Eltern – starke Kinder; Kösel
Pubertät – wenn erziehen nicht mehr geht: Gelassen durch stürmische Zeiten; Kösel
Unser Kind ist chronisch krank. Ein Ratgeber für Eltern; Kösel
Vom Gehorsam zur Verantwortung. Für eine neue Erziehungskultur; Beltz
Was Familien trägt. Werte in Erziehung und Partnerschaft. Ein Orientierungsbuch; Beltz
Was gibt´s heute? Gemeinsam essen macht Familien stark; Beltz
mit Peter Hoeg: *Miteinander: Wie Empathie Kinder stark macht;* Beltz

Weitere Bücher

Glaser, Ute: *Die Eltern-Trickkiste;* Gräfe und Unzer Verlag
Hüther, Gerald/Nitsch, Cornelia: *Wie aus Kindern glückliche Erwachsene werden;* Gräfe und Unzer Verlag
Norwood, Robin: *Wenn Frauen zu sehr lieben*; rororo
Rogge, Jan-Uwe/Bartram, Angelika: *Wie Sie reden, damit Ihr Kind zuhört & wie Sie zuhören, damit Ihr Kind redet;* Gräfe und Unzer Verlag
Sobel, Sylvia und Alfred: *Pubertät für Anfänger;* Gräfe und Unzer Verlag
Valentin, Lienhard/Kunze, Petra: *Die Kunst, gelassen zu erziehen;* Gräfe und Unzer Verlag
Voelchert, Mathias: *Trennung in Liebe;* Kösel
Voelchert, Mathias: *Chancen verlieben sich. Wie Partner sich immer wieder neu entdecken können;* Kösel

DVDs von Jesper Juul

5 Grundbausteine für eine Familie, 2 DVDs
Kinder, Familien, Schule unter Druck, 2 DVDs
Pubertät ist eine Tatsache keine Krankheit. 10 Familien arbeiten mit Jesper Juul, 2 DVDs
Vom Paar zur Familie – Familien mit Vorschulkindern. 10 Familien arbeiten mit Jesper Juul, 2 DVDs
Werte in Familie und Partnerschaft – Was Familien brauchen und können. Ein Vortrag von Jesper Juul auf DVD
mit Gerald Hüther: *Erziehen mit Herz und Hirn*
mit Helle Jensen: *Die 9. Intelligenz – die Intelligenz des Herzens*
mit Mathias Voelchert: *Trennung und dann … Trennung – Kinder – zwei Zuhause. Drei Vorträge für Paare & Familien auf DVD*
Alle DVDs sind bei familylab.de erschienen und im dortigen bookshop zu beziehen.

Impressum

ISBN 978-3-8338-2608-5

Herausgeber: Mathias Voelchert
Projektleitung: Reinhard Brendli
Übersetzung: Knut Krüger
Lektorat: Angela Hermann-Heene

Umschlaggestaltung und Innenlayout: Sabine Krohberger, ki 36 Editorial Design, München
Satz: Nadine Thiel | kreativsatz, Baldham
Druck und Bindung: GGP Media GmbH, Pößneck
Illustrationen: Lisa Aisato (Cover: Veer)

Hinweis: Die Namen der Kinder in einigen Elternbriefen wurden von der Redaktion geändert.

1. Auflage 2012
www.graefeundunzer-verlag.de

GRÄFE UND UNZER

Ein Unternehmen der
GANSKE VERLAGSGRUPPE